外国人高度人材はこうして獲得する!

―「準備」「手続」「定着」の採用戦略―

弁護士 杉田昌平 監修　株式会社 ASIA to JAPAN 編著

ぎょうせい

はしがき

少子高齢化によって人口が減り、国内のマーケットが縮小していく中で、日本企業が海外との取引を強化していくのは自明の理である。その担い手としてこれまでは日本人の新卒者を採用してきたが、少子化により大学生の数が減少していくことを考えれば、この先必要な人員を確保できる保証はない。

その一方で、日本で働きたいと希望する外国人材は増えている。日本に旅行で訪れる外国人は飛躍的に増えており、良い思いをした人、その評判をクチコミで聞いた人の中には日本での就職に興味をもつ人もいる。さらに、欧州では若者が高い失業率で苦しんでおり、米国のトランプ政権は外国人労働者の抑制を掲げている。そのような状況の中で、海外就職を希望している人の就業先の選択肢に日本が浮上している。つまり、日本はかつてない外国人材採用のチャンスにあるといえる。

単に人手不足だからというだけでなく、日本企業が外国人材を採用するメリットは多数ある。その１つが多言語人材の確保である。そもそも公用語として複数言語が使われている国もあるが、たとえば中国の上位大学の学生のほとんどは英語が堪能であり、母国語の中国語と英語の２か国語が使えれば多くのマーケットに１人で対応できる。私は数年前、ハノイに数か月駐在したことがあるが、駐在している日本人の半数は「駐在を希望していない、英語が話せない人」だった。それであれば、通訳なしでコミュニケーションがとれる、意欲の高い現地の出身者を派遣したほうが費用対効果は高い。ほかにも、日本人では採用しづらい女性エンジニアの比率が高いことも大きな利点だろう。実際にASIA to JAPANが提供する「Study Go Work JAPAN 日本語授業」を受講しているエンジニアリング専攻の外国人学生の30％は女性である。

もちろん、日本での就職に興味があっても、日本語力がない学生も多い。

だが、日本語力は伸ばすことができる。漢字になじみのある中国語圏の人はもちろん、まったくなじみのないインドであっても、日本語と文法が似ている言語が使われている地域もある。そしてどの国の出身者であっても、日本に滞在するうちに日本語力は急激に伸びる。

繰り返しになるが、国内の人口が減っていくことは明らかであり、多くの日本企業にとって外国人材の採用は遅かれ早かれ取り組まざるを得ないことである。それならば、外国人材が日本での就業に興味を抱いている今から始めて、知見を蓄積したほうがよい。また、昨今は働き方改革が推進されているが、外国人材にとって良い環境は、日本人にとっても良い環境である。本書をご一読いただき、その一歩を踏み出していただきたい。

2020年5月

株式会社　ASIA to JAPAN

代表取締役社長　三瓶　雅人

目　　次

第１章　外国人材採用の現状

第2章　アジア諸国概論

第３章　外国人材採用に関する実務

第4章　外国人材採用の法務

第５章　外国人材が働きやすい会社

第６章　外国人材採用の ケーススタディ

第７章　アンケートにみる 外国人材

資料編

Chapter

I

第 1 章 ｜ 外国人材採用の現状

第１　世界的な人材争奪戦

1. 国際的状況

AIやIoTなど、最先端テクノロジーを扱うIT人材の争奪戦が先進国全体で起きている。本来であれば給与水準は国によって異なるものだが、スターバックスラテはどの国で買っても同程度の価格であるように、これらの人材にも国境を越えた「グローバルの給与水準」ができつつある。

こうした背景には、人手不足がある。たとえばAIは急速に需要が増しているが、世界にAI人材はたった30万人しかいないといわれている。それにもかかわらず、ビジネスの現場に必要なAI人材は約100万人と推定されており、圧倒的に人が足りていないのが現状である。自国だけではとうてい補えないため、各国が世界中から採用しようとしている。

アジアに目を向けてみると、トップ層のIT人材を採用するうえで世界大学ランキング（THE World University Ranking 2020年）の上位大学の学生の人気が高騰している。23位の清華大学（Tsinghua University）、24位の北京大学（Peking University）、25位のシンガポール国立大学（National University of Singapore：略称NUS）、48位の南洋理工大学（Nanyang Technological University：略称NTU）、そしてコンピューターサイエンスの分野で評価が高いインド工科大学（Indian Institute of Technology：略称IIT）が代表的である。

学生にとっては選び放題といえる状況であり、そんな中で会社を選ぶポイントは大きく２つある。第１は「給与」、第２は「難易度の高い仕事」である。特に後者は重要で、給与以上に自分の成長につながる仕事をしたいと望む若手は多い。自ら動かずともスカウトの連絡が頻繁にくるような優秀層の場合、就職先は豊富にあるからこそ常に難しい課題を与え続けることが企業には求められる。また、AI人材の場合は「その企業に誰がいるか」も大きなポイントで、スター人材がいない会社に優秀な人が突然入社することは基本的にない。なお、就職先として最も人気が高い国はアメリカだが、トランプ政権になって以来ビザの条件が厳しくなっているため、現地で働けるのはごく一部の超優秀層に限られる。

2. 日本の状況

では、こうしたトップ層のIT人材の争奪戦における日本の状況はどうなのか。学生が重視する2つの観点で考えると、どれもまだまだ至らないのが現状である。新卒一律給与が一般的な日本企業では学生にグローバル水準の給与を付与するのが難しく、トップ層の学生に選ばれるだけの魅力的な環境もまだまだ用意できていない。世界トップレベルの研究をしている企業の総数が他のIT先進国に比べて少ないこと、そして日本語を求められることも少なくないため、言語の違いが壁となってしまっている。

留学生の誘致に関しても、文部科学省が平成20年に発表した「『留学生30万人計画』の骨子」とりまとめの考え方に基づく具体的方策には、「各国の人材育成への貢献や我が国経済社会の発展、科学技術・学術の振興、世界で活躍できる人材の育成などに資するよう、優れた留学生を戦略的に獲得する必要がある」と記載されており、実際に留学生数は毎年数％ずつ増えてはいるものの、その動きは遅々としている。たとえば、AI関連の論文引用件数がマイクロソフトに続いて世界で2番目に多いシンガポールの南洋理工大学（NTU）による学生の留学先ランキングでは、1位がイギリスの266人、3位が韓国の186人なのに対し、日本は13位の35人にとどまっている。要因として、他国のトップ大学と比較して先端技術の第一人者の総数が少なく、選択肢も限られてしまうことがあげられる。

第２　日本の採用実務のガラパゴス化

新卒一律給与が優秀層の外国人材採用のボトルネックになっていることは先述したとおりであるが、ほかにも採用や入社後のキャリアに関する日本特有のしくみは多数ある。

1. ４月入社の一括採用

世界的には新卒であろうと、入社時期は異なる。全員が同じスタートラインにおかれることはそれほど多くない。一方で日本は研修のスケジュールの関係もあって４月に一斉に入社となる。入社のタイミングを限定してしまっている点は第１のガラパゴス化といえる。

2. 総合職採用

ジョブローテーションを前提に、幹部候補として採用する総合職は日本特有の職種である。世界的には職種別採用が一般的であり、仕事内容が明確でないまま内定承諾を迫ることはまずない。そもそも、他国では大学入学時点で将来がある程度決まるため、たとえばシンガポール大学の学生の場合、入社していきなりマネジャーとなる人もいる。マネジャーになるために大学を選んでいるという側面もあるといえる。

3. 採用ツール

日本は新卒一括採用であるため、就職サイトをはじめとした採用チャネルが整備されており、就職活動は学生の主体性に任されている。そのため特に国立大学のキャリアセンターの職員にはそれほど専門性が問われず、「ローテーションで回る一部署」であるのが一般的である。

片や海外の場合、学生向けの就職情報が集まるチャネルがないことがほとんどであり、そのためキャリアセンターには学生の就職支援を専門に行うスペシャリストが所属し、企業を招いてジョブフェアを企画するなどして学生と卒業生の就職を支援している。特にトップクラスの大学は学生の就職支援に熱心である。世界大学ランキングにはさまざまな指標があり、その１つに「就職ランキング」がある。これは単に就職率が高ければよいというものではなく、卒業生の年収や就職後の満足度も関係する。つまりキャリアセンターのミッションは、「学生をできるだけ良い会社に就職させる」ことである。大学ランキング上位の大学ほど、キャリアセンターの職員が海外で就職した人にインタビューするために現地を訪れるなどして、卒業生の声を集めている。そうやって企業の良し悪しを判断し、学生に推薦する就職先を選別している。

4. 企業への応募が自由

日本では基本的に誰もがどの会社にでも応募ができる。片やアメリカのトップ大学と人気企業では、大学ごとに応募者の枠が決まっている。A 社がマサチューセッツ工科大学から３名の応募者を募る場合、同大学の成績上位者から企業を選んでいき、A 社への応募者が３名に達した時点で応募は締め切られる。ゆえに日本とは桁違いに成績が重要になってくる。

5. 転　勤

海外では幹部クラスの転勤はあるが、若手のうちにジョブローテーションの一環として転勤があるというケースはあまりない。最近では日本人でも転勤を敬遠する人が若年層を中心に増えてきているため、転勤の制度や考え方自体が見直されつつあるが、多くの大手企業では専門性とは別の理由で転勤になることがいまだにある。しかし産育休制度が過去 10 年ほどで明らかに変わってきているように、人手不足の解消を考えれば必然的に転勤の制度も変わっていくだろう。

6. 雇用条件通知書が簡易

日本は“就社”の考え方から、「会社が面倒をみる」というスタンスが強い。一般的に内定時には用紙1枚程度の雇用条件を、入社した後には就業規則を渡されることが多いが、「どのような規則や給与制度があるのかわからない会社に、どのような業務をするのかわからずに入社している」状態にあり、世界的にみれば特殊な状況となっている。海外の場合、「特定の業務ができる人」を採用して雇用条件を提示するが、その中には日本の就業規則に書かれているような内容も含まれるため、書類が数十頁にわたることもめずらしくない。

7. 給与に関する考え方

日本では、「お金のことをうるさく言うのは良くないこと」という考え方が根強いため、たとえば「3年目にどのような状態になったら給与がいくらになるのか」といった先の給与がみえにくい。結果的にお金やキャリアに関して、あいまいなまま入社することが起きやすく、ボーナスに関しても「業績による」といった説明で終わり、具体的な金額が明示されないことが多い。一方、海外では、雇用条件通知書に給与やボーナスに関する記載があることがほとんどである。海外とのギャップがあることを認識したうえで、外国人材に合わせた書類を整備する必要があるだろう。

しかし、日本のガラパゴス化は必ずしも悪いことばかりではない。以下のように外国人材からメリットとして映ることもある。

8. 研修制度

海外では基本的に新卒とはいえ、中途採用のような位置づけであり、入った瞬間から実務を任せられることとなる。日本のように入社してすぐにまとまった研修で基礎的な知識とスキルを身に付けられるのは、外国人材にとって安心材料となる。

ただし、IT 人材にとっては研修が障壁となってしまうこともある。IT 人材の場合、学んできたコンピュータ言語の種類や習得度によって力量は全く異なるが、日本ではたとえ得意なコンピュータ言語であっても用意された研修に参加しないわけにはいかない。実務をスタートしてからも最初はバグの処理といった簡易な仕事を任されることが多く、優秀な人材ほどできることを毎日やらされることに苦痛を感じて辞めてしまう。ある程度難易度の高い業務を与えるなど、本人の成長を考えた仕事を任せることが重要である。

9. ジョブローテーション

外国人材には専門性を活かしたいと考える人が比較的多いが、かといってすべての人が 1 つの専門性を極めたいと思っているわけではない。同じことを変わらずに続けるのは避けたいという人もいる。そのような志向性の人にとって、転職せずに部署異動ができる日本のしくみはメリットといえる。

10. 雇用の安定性

日本での就職をめざす学生の多くが魅力に感じているのが、雇用の安定性である。法律による解雇規制が非常に厳しく、特に大手企業の場合には、解雇の難易度が非常に高い。したがって日本の失業率は世界でも稀にみる低さである。

ほかにチームワークを重視した仕事の進め方や、製品や勤勉な姿勢など“きちんとしているところ”を学びたいという声も目立つ。採用に限らず、島国で閉じている中でガラパゴス化しているからこその日本文化に関心をもつ人は多い。日本特有のしくみのすべてが問題なわけではなく、むしろ良いところもあることは知っておきたい。

ただし、どうしても採用の大きな障害になっているのが、新卒の一律給与である。先述のとおり、特に先端テクノロジーに関する IT 人材の給与の高低をつけられない以上は他国との競争に勝てない。企業によっては中途社員待遇で採用するケースもあるが、1年目から経験者である中途社員のように仕事ができるわけではない人も多く、そのような中で高い給与を与えていることに既存社員が不満を抱きかねない懸念もある。要はただ優秀というだけでなく、“圧倒的に”優秀でなければ周囲は納得しないといえる。

とはいえ、速やかに給与制度を変え、その他のしくみも外国人材にとって最適になるように改めるのは現実的ではない。そもそも「すべてが整うことはない」。日本人社員ばかりの会社であっても、人事制度は毎年のように更新される。同じように外国人材もまずは採用し、徐々に変えていけばよい。具体的な採用や受け入れ体制のポイントは第3章で紹介する。

第3　日本の状況

1. 海外からみた日本の労働市場の評価

さて、外国人材全般にとって、日本という国はどう映っているのか。結論としては、人気は非常に高い。もともとアニメをきっかけに日本に興味をもつ外国人は多かったが、現在はそれに加え、訪日外国人が年々増えている。日本を訪れた人々が日本での就職を希望し、さらにその人から日本の話を聞いた人が日本に関心をもつといった具合に、追い風が吹いているのは間違いない。

また、高度外国人材にとって、日本は世界でも指折りの就労ビザを取得しやすい国である。外国人移住者数は2017年時点で経済協力開発機構(OECD) 加盟35か国中4位である。3位のイギリスが移住者の受け入れを減らしていることを考えると、現在は3位に位置すると思われる。日本では労働人口の低下が叫ばれ、少子高齢化の影響からどの企業も若手人材を欲している。しかし、世界に目を向ければ若年層の就職率が低い国のほうが多く、20代に限れば失業率が20％を超える国も多い。そのような状況で、海外から若者を受け入れる政策は国としてとりづらい。つまり日本は世界でも稀にみる、外国人材ウェルカム国家なのである。

2. 日本に優位性のある分野

高度人材採用における日本の実力について考えると、まず日本に優位性のある分野は機械、バイオ、建築、ロボットがあげられる。自動車をはじめとした機械系はいわずもがなであるが、バイオもIPS細胞など、医療系の分野で日本の研究は進んでいる。建築業界でも安藤忠雄氏などの著名な建築家を日本は輩出しており、ロボットの分野では製造業の活動が盛んであることから産業ロボットが他国に比べて圧倒的に発展している。

これらの分野で日本は世界のトップ人材を集めやすく、また世界的にみてもIT分野のように給与が高騰していないため、採用がしやすい。ITエンジニアは新人であっても仕事ができる人とできない人の差がつきやすく、成果もはっきり出るのに対し、機械、バイオ、建築、ロボットの分野は経験を積み上げていくことでスキルに差が出るため、新人の能力にさほど違いはない。チームプレイの重要性が高いためスタープレイヤーが出にくく、ITエンジニアと比べて新卒入社時の給与にも差がつかない。

3. IT人材

日本国内で人手不足が叫ばれているIT人材に関してはどうか。まずIT人材はスタープレイヤーとそれ以外に大別できる。前者は先述したとおり世界中で争奪戦となっており、採用するためにはまずグローバル水準に合わせた給与を用意し、難易度の高い仕事を与える必要がある。新卒一律給与が一般的である日本が他国と競うのは難しいが、一方で後者の“スタープレイヤー以外”の人材については日本にも競争力がある。外国人材にとって日本のIT企業は、日本人にとっての公務員に近い。日本人が公務員をめざすのと同様、安定した雇用と働きやすさを求めて日本企業を希望するIT系の外国人材は多い。

4. 外国人材と日本語力

ただし、これらはすべて「日本語力を問わない」場合である。日本語ができることが必須となると話は変わる。外国人材の採用全般に共通するが、日本語学科などの一部の学生を除き、日本語を深く学んでいる学生はほとんどいないと考えたほうがよい。機械、バイオ、建築、ロボット関連の勉強をしている学生がたとえ日本企業での就業を希望したとしても、日本企業で働くにあたって日本語が必要となることを知るのは就職活動を始める卒業年次になってからである。そのときから日本語で面接を行うまでの日本語力を身に付けるのは、時間の面から難しい。つまり、気づいた時にはもう遅いといえる。

人手不足が顕著なIT業界でも、日本語が大きな壁となっている。日本のIT産業の７割は受託開発である。日本語しか話せない日本人顧客を相手にするため、日本語が不慣れな外国人材を顧客先に出すのは難しい。受託開発を事業とする多くの企業にとって、外国人材は採用しづらいのが現状である。

5. 外国IT人材の採用と相性がよい日本企業

一方で、外国人材の採用と相性がよいのは自社開発を行っている企業、特にメーカーである。メーカーがIT人材を採用しているイメージが日本人のIT専攻の学生になく、採用に苦戦している企業が少なくない。片や世界のIT人材が日本での就業を希望する理由は前記３で説明したとおり、「安定」や「働きやすさ」だが、さらに最も大きな理由は「日本に住みたい」であるため、エンジニアとして働ける会社の中で待遇の良いメーカーは有利といえる。自社開発であるため、日本語でのコミュニケーションに問題があってもフォローがしやすく、メーカーと外国人 IT 人材は Win-Win な関係といえる。

6. 留学生の採用

日本語が障害になってしまうのならば、日本語になじみがある留学生を採用すればよいのではないか。そんな疑問も浮かぶだろう。確かに外国人学生にとって、日本は留学をしやすい国といえる。大きく分けると「トップ大学」と「人気のない大学」を中心に、留学生を積極的に受け入れている大学は増えている。背景として、前者は大学ランキングを上げるために、指標の 1 つであるダイバーシティを実現すべく留学生を増やそうとしており、後者は学生数を確保する目的から留学生を増やす傾向にある。日本の大学が留学生の受け入れを推奨しているため、本来の実力よりもランクが上の大学に入学しやすい旨味もある。

〔図表 1〕 外国人留学生在籍状況

専攻分野	2018 年	2017 年	18-17 年度比	2018 年 全留学生に 占める割合	2017 年 全留学生に 占める割合
人文科学	140,200	124,305	113%	47%	47%
社会科学	74,037	67,664	109%	25%	25%
理学	3,981	3,452	115%	1%	1%
工学	35,463	30,804	115%	12%	12%
農学	3,984	3,739	107%	1%	1%
保健	5,027	4,356	115%	2%	2%
家政	5,083	4,787	106%	2%	2%
教育	3,541	3,221	110%	1%	1%
芸術	10,219	8,432	121%	3%	3%
その他	17,445	16,282	107%	6%	6%
計	298,980	267,042	112%	100%	100%

日本学生支援機構（JASSO）「平成 30 年度外国人留学生在籍状況調査結果」より作成。

企業が採用したいのは前者の大学だが、ここに「日本語ができる理系の留学生」はほとんどいない。日本語ができる留学生自体はそれなりにいるが、そのほとんどは文系である。〔図表1〕のとおり、外国人留学生の総数は約30万人であり、そのうち大学院、学部・短期大学・高等専門学校に在学している留学生の総数は約13万5000人（2019年現在）であるが、このうち理系の留学生は理学、工学を合わせて全体の約13%、数にして1万8000人弱しかいない。これは総数であるため、就職活動を行う大学と大学院の卒業年次の学生に絞れば人数はさらに減る。加えて、理系留学生の多くは英語で授業を受けているため、「日本語ができる理系の留学生で就職活動をする学生」はほんの一握りしか存在しない。その少ない人材を各社がとり合っているため、採用の難易度は相当高い。

「日本で働きたい理系の人材はいる」が「日本語が障害になってしまっている」のが日本の現状であるということは、裏を返せば「日本語ができなくてもよい」のであれば採用難易度は大きく下がる。繰り返すが、先進国の中で高度外国人材を積極的に受け入れている国はほとんどない中で、日本で働きたいと考えている外国人は大勢いるのである。

Chapter

II

第２章　アジア諸国概論

アジアはさまざまな国の集合体である。日本と中国、韓国を東アジアの国とひとくくりに語れないのと同じく、「アジアの国」とまとめて語ることはできない。外国人材を採用する場合は、それぞれの出身国・地域の文化や価値観、教育や就職事情を踏まえたうえで選考を行い、受け入れの準備をする必要がある。

そこで本章では、インド、インドネシア、タイ、ベトナム、中国、台湾、シンガポール、マレーシア、フィリピン、ミャンマーについて、各国・地域の基本情報と特徴、教育事情、日本への関心と日本語環境、就職事情と仕事観、そして代表的な大学について紹介する。

ただし、ここに記すのは各種データや各国・地域の大学のキャリアセンター職員および学生たちとの交流を通じてみえてきた傾向であり、あくまでも筆者の所感にすぎない。「日本人は真面目」がすべての日本人にあてはまらないのと同様、ここで紹介する情報も全員にあてはまるものではもちろんない。あくまでも参考程度にとどめ、目の前の外国人材の個別性を大切にしてほしい。

なお、本章の執筆にあたっては、下記を参照している。

・大学進学率：「GLOBAL NOTE」世界の大学進学率 国際比較（台湾のみ外務省を参照）
https://www.globalnote.jp/post-1465.html

・国の基本情報、教育事情：外務省
https://www.mofa.go.jp/mofaj/area/index.html
https://www.mofa.go.jp/mofaj/toko/world_school/01asia/index01.html

・日本語教師、教育機関、学習者数：独立行政法人国際交流基金（The Japan Foundation）
https://www.jpf.go.jp/j/project/japanese/survey/result/

第 1　インド (India)

1. 基本情報と特徴

人口は 12 億 1057 万人と、中国に次いで世界で 2 番目に人口が多い国である。そのうちの半分以上が 24 歳以下となっており、2025 年には 15 億人を超え、世界一人口が多い国になると予測されている。家族との関係は深く、家族行事のために長期休暇をとることも一般的である。

公用語はヒンディー語だが、他に憲法で公認されている州の言語が 21 ある。多言語国家であるため、新しい言語を学ぶことに慣れている者も多い。英語も準公用語として広く使われており、インドの大学では英語で授業が行われることが一般的である。宗教はヒンドゥー教徒が 79.8%を占める。

幼少期から競争の中におかれる機会が多くあるため、インド人にはトップになりたいという思いが強く、できないことも「できる」と答えてしまう場合がある。そのため無茶な納期の案件を受け、結果的に間に合わなかったということもある。採用時の応募書類にも「できるであろうこと」が混じっていることが多々あるため、確認は念入りに行うことを推奨する。また、チームで協力して利益を分け合う習慣がないため、チームワークがやや苦手な人も少なくない。

日本には「多芸は無芸」ということわざがあるが、インドでは「多芸は有能」という考え方が強く、マルチタスクで仕事を行うことを好む人が多い。上位大学出身者ほど新しい仕事へのチャレンジを望む傾向にあり、既存のプロセスに従いつつ、より効率の良いやり方を模索し、提案するのが得意といえる。

2. 教育事情

州によりやや異なるが、初等学校（プライマリー・スクール）に５年間、上級初等学校（アッパー・プライマリー・スクール）に３年間、中等学校（セカンダリー・スクール）に２年間、上級中等学校（シニア・セカンダリー・スクール）に２年間通うのが一般的で、義務教育期間は初等学校と上級初等学校の８年間である。公立学校ではヒンディー語や各地域のローカル言語を中心に、私立学校では英語で授業が行われる。

大学進学率は28.06％である。インドの大学はカレッジ制であることが多く、大学の中に複数のカレッジが存在する。上級中等学校を卒業する際に受けるJEE（Joint Entrance Examination）という共通テストの結果によって進学する大学が決まるが、上位大学の場合は別途入学試験を行うこともある。

就職のチャンスが多く、給与が高額なこともあり、昔から成績優秀な子供がめざす職業の１つがエンジニアとなっている。理系分野を専攻する学生は増加しており、国としても理系教育に力を入れているため、計算やロジックを組み立てることが得意な人が多い。特に国内トップ大学のインド工科大学（IIT）には、卒業生がエンジニアとして多方面で活躍していることから世界中の注目が集まる。

大学の年間スケジュールは９月～12月が前期、１月～５月が後期、卒業は５月が一般的である。

3. 日本への関心と日本語環境

日本への関心は他のアジア各国と比べて薄いものの、人口が多いことから日本に興味をもつ人の総数自体は他国とさほど変わらない。日本は治安が良いイメージが強く、おおむね印象は良い。

ただ、本章で紹介した各国・地域の中で日本語ができる学生の割合は最も少ない。日本語教師であっても日本語能力試験（JLPT）N3 レベルということもめずらしくなく、日本語通訳の価格も最も高額である。日本語を学ぶ環境が整っておらず、日本語を教える大学もほとんどない。日本語との親和性も低いため、面接を日本語でできるようになるまでに平均２年程度はかかる。

4. 就職事情と仕事観

近年は景気が悪く、特に若年層の就職が難しい。過去には州当局の 368 人の採用枠に対して 230 万人もの応募が集まったという逸話もある。特にエンジニアの数が過剰になっており、卓越したスキルやコネがない限り大手企業への就職は狭き門となっている。「大学を卒業するエンジニア 100 人のうち、就職が決まるのは 25 人。その 25 人が残りの 75 人の面倒をみる」という冗談もあるくらい、競争は激しい。

国内がそのような状況であることから、海外に目を向ける人は増えている。英語が使えるため海外が就職先の候補となり得、家族や親戚が国外で働いていることも多いため、国境を越えて働くことへの抵抗はほとんどない。以前はアメリカが人気だったが、トランプ政権になって就労ビザの取得が難しくなった昨今、アメリカに就職できるのは超優秀層のごく一部であることから日本にも注目が集まりつつある。インドと比べて給与水準が高く、さらにここ 10 年でインドに進出する日本企業が増えたり、高速鉄道プロジェクトに日本の新幹線方式が採用されたりといったことから、インドでの日本の存在感が増していることが背景にある。特に機械や電気、電子系の学生にとって日本は憧れの対象になりやすく、IT 人材の中にも国内と比べて給与水準が高い日本での就業を希望する人は一定数いる。日本語力を問わなければ、日本企業にとって採用のチャンスは大きい。

インドの大卒者の初任給平均額は４～５万円程度だが、同じ新卒であっても年収数十万円から数百万円まで開きがあり、採用時に給与交渉をするのは当たり前となっている。日本の場合は新卒一律給与で交渉の余地がないことが大半だが、そういった状況に対して疑問や不満を抱くインド人は多く、一方の日本企業側も給与交渉をされて戸惑うことが少なくない。これは「価格交渉が当然であるフリーマーケット」と「価格が固定されている百貨店」の違いのようなものである。また、インドではまず内定を得て、その後に給与の交渉を行う場合もあり、両者とも前提が異なることをまずは理解する必要がある。

また、インド企業にはジョブローテーションの文化がなく、大学の専攻に関連した仕事につき、専門的な経験を積んでいくのが一般的である。インド人の転職理由で最も多いのは給与や待遇への不満だが、その次に多いのは仕事への不満であり、特に新卒者の場合は給与以上に仕事内容を重視する人が増えている。そのため、専門外の仕事に従事することに抵抗を感じる人が多く、ジョブローテーションに不安を感じる学生もみられる。スキルの高い人ほど最先端技術を用いた仕事に従事して知識を深めたいと考える傾向にあるため、仕事に挑戦や新鮮さを感じられないことが退職リスクとなっている。

その一方で、国内の就業率が低く、リストラの不安を抱えていることから、日本の終身雇用システムは人気がある。インドも残業が多いため、就業時間に関してのギャップがあまりないのも特徴といえる。ASIA to JAPANがプネ大学の学生171名に行ったアンケートでは、「日本で働くにあたって不安なことは？」という質問に対して「特になし」と回答した学生が4割を占めた。精神的にタフな人が多く、日本国内で転職することはあっても、日本が嫌になってインドに帰る人は少数である。宗教上の理由から食事に制限がある人も多いが、それほど配慮がなくても自ら工夫するなど適応能力は高い。

5. 代表的な大学

(1)　インド工科大学（IIT）

インド各地にある、世界的に有名な国内トップ大学群である。コンピュータサイエンスの学生は世界中から引き合いがあり、学生の給与水準も高い。コンピュータサイエンス専攻の優秀なバチュラー（学士）の一部は年収 1000 万円を超える。日本企業からの評価も非常に高く採用難易度は高いものの、コンピュータサイエンス以外の学部であれば比較的採用しやすい。就職活動は大学が管理しており、どの学部も 12 月に行われる学校主催の就職面接会で就職先を探すのが一般的である。IIT の学生はルールを守って大学の面接会に参加しなければ採用できないと考えたほうがよい。この大学主催の就職面接会の詳細については（4）で後述する。

(2)　プネ大学（Savitribai Phule Pune University）

インド中西部のマハーラーシュトラ州の都市、プネに位置する大学である。プネには自動車や IT 産業が集まり、経済活動の中心を担っている。700 校以上のカレッジがプネ大学に所属しており、インド全土から学生が集まることから「東のオックスフォード」ともいわれる。なかでも College Of Engineering Pune（略称は COEP）は同地域で理系分野トップに位置づけられる有名大学である。

公用語のマラーティー語の文法が日本語に近いことから、インドの中でも日本語教育が盛んな地域であり、学生の日本語習得も比較的早い。プネ大学の日本語教育はレベルが高く、ASIA to JAPAN が提供する「Study Go Work JAPAN 日本語クラス」には、インド国内で最も多い 500 人弱の学生が通い、日本語を学んでいる。

(3)　アンナ大学（Anna University）

南インドのタミルナードゥ州に位置する大学である。複数のカレッジから成り、ナレッジ工科大学（Knowledge Institute of Technology）、コングー工科大学（Kongu Engineering College）、クマラサミー工科大学（M.Kumarasamy College of Engineering）、クマラグル工科大学（Kumaraguru College of Technology）などが代表的である。それぞれ 1 学年は約 1000 人、総生徒数は約 4000 人である。これらの工科大学には IT、電気・通信、電気・電子、制御、電気制御、機械工学、建築などの学部があり、ITの分野にも応用が効くという考えから、最近では機械工学に人気が集まっている。

これらのカレッジにはさまざまな研究所があり、多数のプロジェクトが進行している。たとえばクマラサミー工科大学の機械工学研究センターでは、免許センターの管理工数を削減するための画像処理プロジェクトが行われ、撮影した動画を処理することでテストの合否を判断するプログラムを教授と学生で作成し、実際に現地の免許センターで実用化されている。

同地域は日本からのアクセスが悪いこともあり、日本人がほとんどいない。インド人学生にとって日本で就職するチャンスはほぼないため、日本企業と採用時にバッティングすることもまずないといえる。

(4)　インド工科大学（IIT）の就職面接会

「プレースメント」といわれるIITにおける就職センターが設ける就職面接会は、12月1日から1～3週間にわたって行われる。参加希望の企業は7月からオンラインで登録し、11月までに面接したい学生を選ぶことになる。任意で9～11月に学力テストを行ったり、学内で説明会を実施したりすることも可能である。

その後、12月の面接会で面接を行うが、企業が参加できるのは開催期間中1日のみである。さらに企業は面接を実施した日にオファーを出さなければならず、学生は同日の21時までにオファーへの返事をすることが義務づけられている。オファーを承諾した学生は翌日以降のプレースメントに参加することはできず、たとえば3日目に面接を予定していた学生が初日の会社のオファーを承諾してしまうと、その学生との面接は自動的にキャンセルとなる。事前に選んだ候補者全員と面接ができるとは限らないのである。

つまり期間中のできるだけ早い日程に参加することが重要なのだが、参加日程はプレースメントによって決定される。参加企業は主に過去の採用実績と給与によって各日程に振り分けられ、基本的には年収800万円以上の会社が初日の参加となる。「この会社からオファーが出たら学生は受諾するであろう」という順番で初日から振り分けられていると考えるとわかりやすい。

このようなしくみを採用している理由は、「学生のレベルに見合ったより良い会社に、多くの学生を就職させたい」というプレースメントの基本理念にある。仮にGoogleの参加日が７日目になった場合、学生は１～６日目でオファーを得ても決め兼ねてしまう。特定の学生にオファーが集中してしまうことや他の学生の機会損失を防ぐためにも、人気企業から順に面接を行い、学生が当日中にオファーに返事をするしくみになっているのである。企業が参加日程を早めようと思ったら、給与水準や待遇を引き上げ、学生からの人気を獲得するしかない。就職後も大学は卒業生と企業の双方にアンケートやインタビューを行っており、その内容も影響する。企業がプレースメントの関係者とどれほど親密になったとしても、参加日程が早まることはない。

参加企業はこうしたプレースメントの考えに基づくシステムを理解したうえで、戦略を立てることが重要である。何日目の参加になるかを予想し、自社と学生のレベルを見極めて面接したい学生を選ぶ必要がある。単に自社が欲しい学生だけを選んでいては、誰とも面接ができない可能性もある。

採用後の注意点としては、オファー受諾後の辞退である。アメリカの大学へ進学するための奨学金が給付されるか否かは３月に決定するため、３～４月までは安心できない。また、学生がプレースメントに参加している他の企業に行くことはないが、参加していない企業への就職は自由であることも念頭においておこう。

第２　インドネシア共和国
(Republic of Indonesia)

1. 基本情報と国民性

インドネシアの人口は世界第４位、２億4700万人もの人々が生活している。今後も人口は増加すると予測され、2035年には3億人に達する見込みである。さらにそのうちの生産年齢人口は6割以上とされており、今後の経済発展が期待できる国といえる。

公用語はインドネシア語であるが、約350もの言語が使われている多言語国家でもある。信仰する宗教が身分証に記載されているほど宗教が生活に根ざしており、国民の87%がイスラム教徒である。

インドネシアには「神様が定めた運命に身を任せる」という考え方があり、文句を言っても仕方がないという思いが根底にある人が多いため、比較的ストレスを感じにくい傾向にある。また、ルールにはとりあえず従うことが多い日本に対し、インドネシア人はルールの背景を問う人が多いという。

2. 教育事情

日本と同様、小学校に6年間、中学校に3年間、高校に3年間（もしくは専門学校3～4年間）、大学に4年間（もしくは専門学校2～3年間）通うのが一般的である。小中学校の9年間が義務教育である点も日本と同じだが、高校から先に進学する人は27.9%と少数である。インドネシアで大学に進学できる人は限られているのが現状といえる。人口が多いため競争は激しく、その競争をくぐり抜けてトップ大学に進学した学生たちは研究熱心で優秀な人が多い。大学卒業後、ドイツや日本、アメリカ、イギリスなどの海外大学で博士課程に進む学生もいる。なお、大学の年間スケジュールは大学によって異なる。

3. 日本への関心と日本語環境

インドネシアは世界的にみて日本語教育が盛んな国である。日本語教育機関数は2000年代に増えており、その背景には若者の日本文化への関心の高まりがある。「ドラえもん」をはじめとしたアニメや漫画、女性アイドルグループ「JKT48」に興味をもったことが日本語を学ぶきっかけとなっているようである。2018年には日本とインドネシアの国交60周年を迎え、2019年８月にインドネシア大学で行われた「JAPAN文化祭」には４万人以上もの人が訪れるなど、日本への関心は強い。

国際交流基金が発表している2015年度「海外日本語教育機関調査」では、日本語学習者数は74万5125人と中国語に次ぎ世界第２位である。日本語教育機関数は韓国語に次ぎ第２位、日本語教師の数は中国語、韓国語に次ぎ第３位となっている。中学・高校の中には第二外国語として日本語を教える学校が多数あり、現に日本語学習者の94％は中高生の時に日本語を学んでいる。あくまで初級レベルではあるものの、日本語への素地があるのは日本企業にとって大きな魅力だろう。

国内大学ランキング１位のインドネシア大学の日本語学習センターへの入学希望者は、定員50名に対して毎年約2500人にも上る。インドネシアの学生が専攻を決める際には、本人だけでなく家族の意向も影響するが、インドネシア国内に日系企業が多いため日本語ができれば就職が有利に働くイメージが強く、日本語を勉強することへの理解も得やすい。こうした背景も学生の日本語学習を後押ししている。

4. 就職事情と仕事観

インドネシアの学生は卒業後に就職活動を開始するのが一般的である。たとえばインドネシア大学ではキャリアセンターが毎年２月と８月の卒業時期にあわせてジョブフェアを開催しており、そういった大学主催の就職イベントに参加したり、入社を希望する会社に直接履歴書を送ったりするのが一般的な就職活動の方法である。最近では日本の人材系企業がインドネシアを訪れることも増えている。

国内で就職先として人気なのは、外資系企業と政府系機関である。前者は高い給与とキャリアアップのしやすさが、後者は安定感が魅力なようである。一方で、トップ大学には海外の就業を希望する学生も多数みられる。海外で経験を積んだ後にインドネシアに戻り、その経験や語学力を国内で活かしたいと考える人が多い。

インドネシア国内の初任給は500万～600万ルピア、日本円にして4万～5万円程度であることから、給与水準が高い日本企業は人気がある。オファーを断られることはほとんどなく、日本語ができずとも英語を話せる人材が多い。日本企業がまだ積極的に採用活動をしていない国でもあり、優秀な人材を採用するチャンスは大きいといえるだろう。

ただ、仕事観の違いから日本企業に抵抗をもつ人もいる。「仕事は家族のためにするもの」という考え方が根づいており、日本では子どもが病気になっても仕事をすることはさほどめずらしくないが、インドネシアでは「子どもが病気の時になぜ仕事をするのか」という感覚が強い。こうした考え方の違いから、日本企業の終身雇用や残業に対して人生を会社に捧げるかのようなイメージを抱く人もいるようである。日本でも働き方改革が各社で進み、終身雇用への考え方も変わってきている。「1社で一生勤める」ことは現実的ではなくなりつつあるが、そういった変化はまだインドネシア国内には伝わっていない。「インドネシアとは違うことが日本にはたくさんある」という先入観が根強いため、壁を感じさせるようなことを過度に発信せず、インドネシアとの共通点をアピールすることで不安を払拭させることが重要である。

5. 代表的な大学

(1)　インドネシア大学（University of Indonesia：通称UI／ウィー）

首都ジャカルタにある、国内ランキング第1位の大学である。13学部に加え、大学院と専門学校（Vocational Program）がそれぞれ1つずつある。学生数は約4万6000人であり、理系では医学部、歯科学部、情報学部が、文系では会計学や国際関係が人気である。

(2)　バンドン工科大学（Institut Teknologi Bandung：通称ITB／イテベ）

インドネシア第３の都市にキャンパスを構える理工系の名門校である。1920年に設立されたバンドン工業高等学校を前身としており、学生数は約２万5000人である。前期は８月～12月、後期は１月～５月で、研究スケジュールの兼ね合いで卒業式は年３回行われる。

第３　タイ王国（Kingdom of Thailand）

1. 基本情報と特徴

人口は6891万人で、公用語はタイ語である。国民の94％が仏教を信仰している。LGBTに寛容な国としても知られるが、自由を謳歌している国であり、素直で優しい人が多い。ルールで縛られたり過度にプレッシャーがかかったりする環境に慣れていない傾向にあるため、日本企業で心神を崩してしまうこともある。社員として迎える場合は適度に自分の思いを吐き出させることを意識するとよいだろう。

2. 教育事情

日本と同様、小学校に６年間、中学校に３年間、高校に３年間、大学に４年間通うのが一般的である。小学校から中学校の９年間が義務教育となる。中学、高校のほとんどは一貫教育で、中学校に進学する際に入学試験を受け、そのまま同じ高校に進む人が多い。

大学進学率は49.29％である。タイの大学入試制度はThai university Central Admission System（TCAS）とよばれており、入学試験はポートフォリオ（希望の学部にこれまでの活動実績やスキルなどを冊子にまとめて提出する）、クォータ（大学が指定した地域の人のみが出願可能）、直接入試（筆記試験の結果を直接大学に提出）、アドミッション（筆記試験の結果をテストセンターに提出）、独立直接入試（各大学独自の試験を受ける）の５とおりに分かれる。受験しなければならない筆記試験もそれぞれ異なる。

タイの大学は８月～12月が前期、１月～５月が後期となり、10月に卒業式を迎えるのが一般的である。しかし、有名校は王族から直接卒業証書を授与されるため、各大学の卒業証書授与式の日程は王族のスケジュールによって決定する。つまり毎年卒業証書授与式の時期は変動し、大学によっては１月になることもある。タイの大学に通う学生を採用する際は、毎年必ず卒業証書授与式の時期を確認する必要がある。

3. 日本への関心と日本語環境

多数の日本企業がタイに進出しており、親日家も多い。ただし、日本語とタイ語は言語の違いが大きいため、タイ人にとって日本語習得の難易度は高い。日本語学科の学生であっても卒業時の日本語レベルは日本語能力試験（JLPT）N3程度であることがめずらしくなく、日系企業の数に対して日本語を話せるタイ人が不足している。日本語ができるタイ人を探すというよりは、内定後に日本語学習を支援するという考え方で採用を行うほうが現実的である。

4. 就職事情と仕事観

就職活動は４年生の後期にあたる１月頃から開始する人が多いが、特定の就職活動の時期はなく、卒業後にスタートすることもめずらしくない。仕事探しはリクルート会社にレジュメを送って選考を進めたり、大学のジョブフェアに参加したりするのが一般的である。ほかに理系学部の場合は企業が直接大学を訪れてスカウトをしたり、共同研究をしている企業に就職したり、教授から企業に推薦してもらったりすることもある。失業率は低く、有名な大学の学生が卒業後の就職先に困ることはほとんどない。

就職先として人気があるのは国内の大企業である。大企業ほどボーナスの条件が良く、中には年間で月給の８か月分が支給される会社もある。初任給は１万5000～２万バーツ、日本円にして５万～７万円程度だが、ボーナス額が大きいため年収はそれなりの金額になることが多い。また、タイ国内での日本語ができる人材の需要は非常に高く、日本語が話せるだけで初任給は20万円前後に跳ね上がる。他のアジア各国に比べて日本語ができる人の需要は高く採用が難しくなっている。なお、就職後の給与やポジションは基本的に固定であり、キャリアや収入を上げるには転職をするしかないため、離職率は高い。

タイは物価が安く、生活がしやすい国である。起業や副業もしやすく、会社勤めであっても夜に屋台を出すといったことが気軽にできる。 家族と一緒にいたいという思いも強く、海外で働く動機は他のアジア各国と比べて弱い。日本語が活かせる職場が国内に潤沢にあることもあり、日本で就職する理由はなかなか見当たらないのが現状である。その一方でタイにオフィスを構える日本企業にとっても、日本語が話せるタイ人は採用したい人材であり引き合いは多い。総じて、採用難易度は高い国といえる。

5. 代表的な大学

⑴　チュラロンコーン大学（Chulalongkorn University）

バンコクの中央に位置する国内トップ大学である。エンジニアリングが有名で、学生の学術レベルが高く研究熱心である。一方、裕福な家庭の子女が多いため卒業後は親の事業を継いだり起業したりと、採用市場には出てきづらい。

⑵　コンケン大学（Khon Kaen University）

東北地域の国立総合大学である。同地域の発展に貢献するリーダーの育成を使命としている。学生数は約３万人である。人気の学部は医学部、工学部、農学部であり、医学部の付属病院は東北地域の高度医療センターとして難病患者を受け入れていたり、農学部は農産物を扱うタイの有名企業と共同で農作物や家畜の研究をしていたりと、周辺施設や企業との連携も強い。学長は長岡技術科学大学で博士号を取得しており、各学部にも日本で学位を取得した教授がいる。日本語教育への理解が深い大学といえる。

第 4　ベトナム社会主義共和国 (Socialist Republic of Viet Nam)

1. 基本情報と特徴

人口は約 9467 万人で、公用語はベトナム語である。宗教は仏教、カトリックなどである。社会主義共和国であり政府の権力が強いことから、リーダーシップをとるというよりはトップに従順な人が多い傾向にある。

2. 教育事情

小学校は 5 年間、中学校は 4 年間、高校は 3 年間、大学は 4 年間であり、小中学校の教育年数こそ異なるが、中学校までが義務教育であることは日本と同じである。高校に進学する場合はテストを受ける必要があり、こちらも日本と同様、学校ごとに用意されたものを受ける。

大学入試では全国の受験生が同じテストを受け、その結果によって選べる大学や専攻が決まる。成績優秀者しか進めない難易度の高い専攻は、医学系と警察である。また、日本でいう推薦入試のように、高校の成績によって大学が決まることもある。大学進学率は 28.54% である。

大学の年間スケジュールは、9 月～ 1 月が前期、2 月～ 6 月が後期となり、卒業式は 8 月と 12 月に行われる。学部によるカリキュラムの違いや学生の留学スケジュール、インターンシップの期間などに応じて卒業時期は決まる。

3. 日本への関心と日本語環境

ベトナムではバイクのことを「ホンダ」とよぶなど、日本製品が身近であり、信頼も厚い。1990 年代から多くの日本企業が進出し、現地で投資活動を行うなどしてベトナムの発展に貢献したことも日本への関心や信頼を集める要因となっている。食を中心とした文化やアニメに関心をもつ人も多く、日本びいきの層は増加傾向にある。

近年は日本に留学したり技能実習生として就業したりする人が増えている。ベトナムと比べて給与水準の高い日本で働きたいと希望する学生も多数である。英語が話せない人が多いためか、第二外国語として日本語を学習する意欲が総じて高いのがベトナムの特徴といえる。

来日前の日本語学習を目的とした日本語学校も増加しており、日本語教育機関数は 2015 年度調査の 219 機関から 599 機関増え、世界 12 位から 2018 年度には 7 位にまで浮上した。日本語教師の数も 2015 年度調査から 5235 人増え 7030 人と、中国、韓国に続きベトナムは世界で 3 番目に日本語教師が多い国となった。その結果、日本語学習者数も 2015 年度調査から 10 万 9598 人増加し、2018 年度時点で 17 万 4461 人もが日本語を学んでいる。日本語教育の環境は整っており、大学の日本語教育の質も高い。上位大学では卒業までに日本語能力試験（JLPT）N1、N2 レベルまで日本語力を伸ばす学生もいる。ただ、日本語学校で日本語を学んでいる人の大多数は技能実習を目的とする者であり、日本語ができる高度人材の数が多いわけではない。

4. 就職事情と仕事観

企業が大学の成績を重視するため、最終的な成績が確定する卒業後に仕事を探し始めるのが一般的である。インターネットで探したり、知人から紹介してもらったりすることが多く、他のアジア各国と比べて大学のジョブフェアはそれほど盛んではない。上位大学の学生は仕事をみつけやすいが、そうでない場合は数年間就職ができない人もいる。就職先はベトナム国内で探すことが大半であり、海外就職は稀である。

就職先を探す際に重視するポイントは、自分の能力や専攻が活かせること、そして給与である。ベトナムの大卒初任給は約300ドル、日本円にして３万円強と、ベトナムと日本の給与水準の差が大きいため、日本での就業を希望する人は多い。初任給にこだわる傾向にあるので、採用時は昇給や賞与、手当を含めた年収を提示するなど、給与に関して丁寧に説明することをすすめる。また、ベトナムはオフショア開発が盛んであるため、IT人材の中には日本で働いている間に顧客を獲得し、ベトナムに戻って起業する人もいる。退職を防ぐためには能力に応じて給与を上げることが肝要となる。

なお、多くの日本企業はホーチミンに拠点を構えるが、日本語を話せる学生はハノイに集中しており、採用活動を行うならハノイが狙い目である。

5. 代表的な大学

(1) ハノイ工科大学（Hanoi University of Science and Technology）

日本政府のODAとしてスタートしたHEDSPI（Higher Education Development Support Project on ICT）という、日本語ができるIT人材を育成するプロジェクトを行っている。日本語ができるIT人材とあって日本企業からの人気が高騰しており、採用難易度も高い。

(2) FPT大学（FPT University）

ベトナム最大手のIT企業FPTグループが設立した大学である。日本と友好関係にあり、日本語を話せるエンジニアを積極的に育てている。３期制を採用しており、学生は３年間で卒業する。実践的な授業が多く、学生たちは在学時からFPTグループのインターンシップに参加するため、就職活動時の履歴書が中途社員のような内容になる学生もいる。

第５　中華人民共和国
(People's Republic of China)

1. 基本情報と特徴

日本の約26倍の土地に約13億9000万人が生活する、世界で最も人口が多い国である。公用語は中国語で、宗教は仏教・イスラム教・キリスト教などさまざまである。

国土が広大であるため、ひとことで中国といっても地域差が大きいことを忘れてはならない。北京や上海などの大都市が集まる沿岸部は発展しているが、内陸部には昔ながらの農村地帯がまだまだ残っており、経済格差は激しい。

2. 教育事情

小学校に６年間、中学校に３年間、高校に３年間、大学に４年間通い、義務教育期間は小中学校の９年間となる（一部地域ではそれぞれ５・４・３・４年制）。都市部では受験競争が激化しており、子供の学習負担や教育費の増加が問題となっている。大学進学率は50.60％だが、人口が多いため学生の総数も多い。

トップ大学である北京大学、清華大学、復旦大学、浙江大学、ハルビン工業大学、上海交通大学、南京大学、中国科学技術大学、西安交通大学の９大学は「C9（九校連盟）」とよばれる。ほかに大学の研究の質を国際レベルに引き上げるために国が重点的に投資するプログラム「985工程（Project 985）」に選定されている大学も優秀な学生が多い。上位大学出身者のほとんどは英語が堪能であり、日本企業にとって中国語と英語を話せる中国人が１人いれば世界のビジネスを広くカバーできる利点もある。

大学の年間スケジュールは、９月～１月が前期、２月末～６月が後期、卒業は６月となる。

3. 日本への関心と日本語環境

2018年度調査では日本語の教育機関数は世界第３位、教師数と学習者は世界第１位となっており、100万人を超える中国人が日本語を学んでいる。漢字という共通点もあるため日本語の習得は早い。教師の日本語力も総じて高く、日本で学位を取得した大学教師も少なくない。

また、一部の大学では日本語強化班を設置し、理工系と日本語の学位を同時に取得できる制度を設けている。この場合、日本語は選択科目ではなく必修科目となり、双方の学位を取得しなくては卒業できない。こうした理工系と日本語がセットになったプログラムが用意されている背景には、1980年代の先進国日本から技術を学ぼうという国策のなごりやその後の緊密な経済関係があると考えられる。

4. 就職事情と仕事観

大学４年生になった９月から就職活動を開始し、日本と同じく在学中に就職先を決めるのが一般的である。仕事探しは大学の学内セミナーに参加したり、就職サイトから直接応募したりすることが多く、メッセンジャーアプリ「WeChat」の大学のグループチャットを通じて求人が紹介されることもある。インターンシップも盛んである。

沿岸部の一部の大手企業では上位大学のIT人材の給与が高騰しており、新卒の初任給が40万円を超えることもある。ただ、あくまでもそういった企業に就職できるのは一握りの極めて優秀なIT人材のみである。たとえ上位大学の学生であったとしても国内で満足のいく条件で就職するのは難しく、海外に目を向ける学生は多い。

成績上位の学生の間ではアメリカの大学へ進学し、そのままアメリカで就職することが人気であったが、就労ビザが取得しづらい状況となり、日本に目を向ける学生も出てきている。日本で働くことを希望する理由としては、なじみやすさが大きい。距離的に近く、欧米諸国と比べて費用の負担が少なく、漢字や食事など文化が近いという安心感もある。内陸部や東北地方は沿岸部に比べて給与水準が低く、特に東北地方は日本語に親しんでいる人も多いため、採用にあたって狙い目の地域といえるだろう。

5. 代表的な大学

(1)　北京大学（Peking University）

中国初の国立総合大学で、国内トップクラスの教育水準を誇る名門エリート大学である。北京に位置するC9（九校連盟）の１つで､985工程（Project 985）にも選出されている。理学部、情報工学部、人文学部、社会科学部、医学部から成り、世界的にも知名度が高く、採用難易度は高い。引く手数多であり、学生の水準に応じた給与設定が求められる。

(2)　浙江大学（Zhejiang University）

アリババが本社を構える商人の街、杭州市に位置するC9（九校連盟）の１つで、985工程（Project 985）選出大学である。近隣企業との共同研究が盛んで、学生のレベルは高い。ほとんどの学生が大学院まで進学するのが特徴である。第二外国語で日本語を選択している学生も多数おり、日本語が堪能な人も多い。日本企業にとって魅力的な学生が多く集まるが、共同研究先の企業にそのまま就職する学生が多く、採用難易度は高い。こちらも北京大学と同じく一律でない給与を提示できるかがポイントとなる。

(3)　上海交通大学（Shanghai Jiao Tong University）

上海に位置するC9（九校連盟）の１つで、985工程（Project 985）送出大学である。学生は上海での就職を優先する傾向にあるが、機械、電気、バイオの分野では日本の技術が進んでいることから、日本での就業を希望する学生もいる。バイオ専攻で日本語ができる学生などは、採用の狙い目であるといえる。

(4)　大連理工大学（Dalian University of Technology）

985 工程（Project 985）選出大学である。ダブルメジャー制度があり、メインの専攻と日本語専攻を両立できる。立地としても日本に近く、日本に留学する学生も多い。同大学の採用を強化する日本企業が増えたため、採用難易度は高く、学生側が就職先を選ぶ売り手市場の状態となっている。

(5)　武漢大学（Wuhan University）

985 工程（Project 985）選出大学で、歴史がある国立総合大学の 1 つである。武漢は中国全土の中央部に位置し産業や交通のハブとして機能しており、日系の自動車関連企業も拠点をおく地である。同大学からは、著名な実業家も多数輩出されており、スマートフォンメーカー・小米科技（Xiaomi、シャオミ）の CEO も武漢大学の卒業生である。

(6)　東北大学（Northeastern University）

985 工程（Project 985）選出大学で、IT 人材育成に積極的な大学である。同大学の教授が 1993 年に起業した中国有数のソフトウェアメーカー・東軟グループ（Neusoft Group）の母体でもある。IT について学びながら日本語強化プログラムを受けられる制度もあり、日本語が堪能な生徒も多数いる。地域の経済状況があまりよくないため国外での就職を希望する学生が多い一方、日本企業からの認知度は低く、採用の狙い目といえる。

〔図表 2〕日本語学習者

2015 年度順位	2018 年度順位	国・地域名	2015 年度学習者数	2018 年度学習者数	増減数	増減率
1	1	中国	953,283	1,004,625	51,342	5.4%
2	2	インドネシア	745,125	706,603	△ 38,522	△ 5.2%
3	3	韓国	556,237	531,511	△ 24,726	△ 4.4%
4	4	オーストラリア	357,348	405,175	47,827	13.4%
6	5	タイ	173,817	184,962	11,145	6.4%
8	6	ベトナム	64,863	174,461	109,598	169.0%
5	7	台湾	220,045	170,159	△ 49,886	△ 22.7%
7	8	米国	170,998	166,565	△ 4,433	△ 2.6%
9	9	フィリピン	50,038	51,892	1,854	3.7%
10	10	マレーシア	33,224	39,247	6,023	18.1%

独立行政法人国際交流基金（The Japan Foundation）2018 年度「海外日本語教育機関調査」結果より作成。

第 6　台湾 (Taiwan)

1. 基本情報と特徴

人口は約 2359 万人である。言語は主に中国語、台湾語、客家語だが、トップ大学の学生のほとんどが英語も話せる。日本人と感覚や性格が近く、就業時のギャップをほとんど感じない。日本との物理的な距離が近く、文化の齟齬が少ないため、初めて外国人材を採用する企業でも受け入れやすい。

2. 教育事情

教育システムは日本と似ており、小学校に 6 年間、中学校と高校に 3 年間、大学に 4 年間通うのが一般的となっている。ただし義務教育期間は高校までの 12 年間となる。

進学の仕方も日本と同じようなしくみであり、小学校から中学校に進む際のテストはなく、中学から高校に進学する際はテストと面接、課外活動の成果をみて、総合的に合否の判断がなされる。課外活動は、たとえばボランティアやスポーツが対象となり、日本でいう内申点に近い。

高校から大学に進学する際は、2つの道筋が用意されている。1つは希望の専攻ごとに用意された全国共通のテストを受け、その結果によって大学が決まるというもの。もう1つは高校の成績とテスト結果で総合的に判断をするもので、前者と比べて難易度は低く、イメージとしては日本の推薦入試に近い。

台湾は大学進学率が95.80％と非常に高い。人口約2300万人に対しておよそ200もの大学があり、少子化が急速に進む中で大学数が過剰になってしまっている。学歴で差別化がしづらく、さらに経済状況もやや冷え込んでおり、若年層が就職先を探しにくい状況にある。

3. 日本への関心と日本語環境

親日国であり、街では日本語の歌が流れ、日本語を話せる人も多い。日本語への親しみがあることから台湾人の日本語レベルは総じて高く、習得のスピードも非常に速い。

4. 就職事情と仕事観

台湾の大学は前期が9月～1月、後期が2月～6月で、卒業は6月である。3月に学内でのジョブフェアが実施されることが多く、卒業後に仕事探しを始めることも一般的である。9～10月に就職活動のピークを迎える中国に比べ、就職活動を始めるタイミングは遅い。なお、仕事はインターネットで探すのが主流である。

初任給は学部によって大きく異なり、文系職種は日本円で10万円程度だが、半導体やITなどの職種では日本よりも高い給与が得られることもある。

理系・文系問わず能力給のため、人によって差がある。そのため学生は「自分にどのくらいの金額でオファーが出るのか」を重視しており、複数オファーが出た場合に給与が決め手となることも多い。

トップ大学の学生は英語も堪能であるため、海外就職の選択肢は複数ある。日本への興味はあるものの、理系の場合は日本との年収差がそれほどないことも多い中で、あえて日本で働くというモチベーションは湧きにくい。日本企業が採用を行う際は、台湾人学生の日本で働きたいと思う動機づけをいかにできるかがポイントとなる。また、最近では台北の有名大学のジョブフェアに参加する日本企業が増えており、台湾人学生を採用する競争率は上がっている。

台湾人学生を採用する際の注意点として、兵役の時期があげられる。卒業後に兵役へ行くケースもある。兵役のタイミングは人によって異なるため、選考の段階で忘れずに確認したい。なお、兵役の期間は以前まで 1 年間が多かったが、現在は 4 か月が増えている。

5. 代表的な大学

⑴　国立台湾大学（National Taiwan University）

台湾のトップ大学で、日本人にとっての東京大学のような存在である。日本語学科の学生は全体で約 300 人おり、ほとんどの学生の日本語力は卒業時には日本語能力試験（JLPT）で最高水準の N1 になる。第二専攻で日本語を勉強する学生も約 3000 人いる。

⑵　国立清華大学（National Tsing Hua University）

総合大学だが、理系分野も強い。新竹という台湾におけるシリコンバレー的な地域にキャンパスを構え、周辺のスタートアップとの共同研究も盛んである。学生の留学や就職に力を入れており、ジョブフェアも定期的に開催される。海外からの留学生も多い。

(3)　国立交通大学（National Chiao Tung University）

理系の台湾トップ大学である。国立清華大学の隣に位置し、同じく周辺のスタートアップとの共同研究が盛んである。ジョブイベントも定期的に開催される。

(4)　国立成功大学（National Cheng Kung University）

台南に位置する大学で、「北の台湾大学、南の成功大学」といわれる有名校である。台湾の民族的英雄である鄭成功がその名の由来となっている。医学系の学部が人気である。台南まで足を運ぶ日本企業はまだ少ないため、狙い目といえる。

第７　シンガポール共和国 (Republic of Singapore)

1. 基本情報と特徴

人口は約564万人。中華系74％、マレー系14％、インド系９％から成り、公用語は、英語、中国語、マレー語、タミール語の４か国語である。複数の言語を操る人も多く、英語と中国語の双方を話せる人も多数いる。宗教も仏教、イスラム教、キリスト教、道教、ヒンドゥー教と幅広い。

また、シンガポールのパスポートは、ビザなしで渡航できる国の数がほぼ日本と同じである。海外出張の際の手間が少ないという利点もある。

2. 教育事情

シンガポールには、世界大学ランキング上位の大学が集まる。教育熱心な国でその教育システムは複雑である。

まずシンガポールの学校は、「Primary」「Secondary」「Post-Secondary」の３つに大きく分かれる。「Primary」は小学校、「Secondary」は中学校、

「Post-Secondary」は高校と大学を含んでいるイメージである。

小学校から順を追って進学していくのは日本と同じであるが、進路の決まり方は全く異なる。「Primary」、「Secondary」のそれぞれ卒業前にテストを受け、その結果によって進学できる学校や学部が決まるしくみである。そのため日本では大学名で学歴を判断するが、シンガポールでは学部が学歴の判断材料となる。なお、一部の成績上位者しか進めない最難関学部は医学部、法学部、歯科学部である（Ministry of Education SINGAPORE〈https://www.moe.gov.sg/education/education-system〉参照）。大学進学率は、84.79％である。

3. 日本への関心と日本語環境

ラーメンをはじめとした日本食や旅行先としての人気が高まっており、ここ最近のシンガポール国内は“日本ブーム”である。1965年にマレーシアから独立してまだ半世紀余りしか経っておらず、国の歴史が浅いことから長い歴史をもつ日本文化への興味も強い。

しかし、日本語が話せる人は多くない。詳細は、下記４で説明するが、日本での就業を希望する人が少なく、かつ英語を使いこなせる人が多いため日本語を学ぶモチベーションが生じにくい。その一方で、アジアの中で日本人にとって住みやすい環境であるため日本人の日本語教師の数が比較的多く、日本語の教育環境は整っている。日本語が話せない人を採用したとしても、入社までの日本語教育のサポートはしやすいといえる。

なお、シンガポール人が日本で生活するうえで、一人暮らしができること、車が持てることの２点は魅力に映る。シンガポールの家賃は高く、そもそも結婚前に家を出ることがないため一人暮らし用の物件がほとんどないこと、車を所有すると1000万円以上の費用がかかるので一部の人しか保有できないという事情が背景にある。

4. 就職事情と仕事観

シンガポールは世界大学ランキングを重視しており、大学はランキングへの対策を熱心に行っている。ランキングを決める指標には卒業生の就職状況や就職先の給与も含まれるため、各大学でジョブフェアやキャリア教育を行うなど、就職支援も盛んである。

大学は８月～11月が前期、１月～５月が後期で、卒業月は５月となる。学生は卒業の半年前の12月頃から就職活動を始めるのが一般的である。

国による就業環境がきちんと整備されており、グローバル企業がアジアのヘットクォーターをシンガポールにおくケースも多いため、就業の機会も多い。さらに国内就業の条件も良いため、賃金目当てに海外勤務を希望する人は他のアジア各国に比べて少数派といえる。シンガポールには製造系の開発や生産の拠点が少ないため、日本での就業に魅力を感じる工学系の学生もいるが、日本での就業希望者の総数は少ない。

シンガポールは職種別採用であり、平均給与は学部と成績によって大きく異なる。国内就業の条件が良いからこそ、日本企業が柔軟に給与を設定できなければシンガポール人の採用は難しい。シンガポールは税金が安く、同じ給与であれば日本よりも手取り額が高くなるため、給与水準を合わせる場合は手取り額を踏まえる必要も生じる。

仕事上の傾向としては、教育システムの兼ね合いで幼少期から競争社会に身をおいていることもあり、ハードワーカーである。残業をする文化はないものの、時間内に仕上げようという意識が強く、目算を立て仕事をやりきる人が多い。こういった気質は日本企業との親和性も高いといえる。また、仕事での自己実現をめざすというよりは、いかに給与を上げて豊かな生活をするかに重きをおく傾向にある。効率性を重視し、無駄なく物事を処理するのが得意な傾向にあり、何かをゼロから生み出すよりは、与えられた仕事を効率よくこなす能力に長けたスタッフ気質の人が多い印象である。

採用時の注意点は、ボンドとよばれる奨学金制度でシンガポール政府の奨学金を受けて、シンガポールの大学に通う外国人学生である。この制度は卒業後にシンガポール国内で一定期間就業することを条件としており、採用をしても日本の在留資格を得られず日本の本社の社員として働くことができない。外国人学生の多くが利用している制度であり、選考の段階で必ず確認しておくべき事柄である。

5. 代表的な大学

(1)　シンガポール国立大学（National University of Singapore：略称 NUS）

国内のトップ大学である。学部生が約２万 9000 人、大学院生が約１万人在学しており、東南アジアや中国、インド、ヨーロッパなど、世界中から学生が集まる。近年は就業経験と同時に海外生活の経験を積むことを目的とした「グローバルインターンシッププログラム」に力を入れている。日本でのインターンシップも対象となっており、日本企業が受け入れを希望する場合は同大学のポータルサイトでアカウントをつくり、自社情報を投稿することが可能である。インターンは主に長期休暇中に参加することになるので、12 月～１月初旬にかけての冬季休暇であれば９月頃から、５月～７月の夏季休暇であれば２月には動き出す必要がある。

(2)　南洋理工大学（Nanyang Technological University：略称 NTU）

南洋工科大学とも表記される国内ランキング第２位の大学である。学部生が約２万 3000 人、大学院生が約 8000 人在籍している。特に AI の分野で世界的に有名である。論文引用件数はマイクロソフトに続き、同大学が世界第２位となっている。大学でのジョブフェアは２月に開催されるが、企業はそれ以前から学生にコンタクトをとり始め、早い会社は前年８月から採用に動いている。キャリアセンターの職員によると、卒業生の平均初任給は日本円でおよそ 27 万 7000 円とのことである。最も高額なのはビジネスとエンジニアリングの 2 つの学位を取得している学生で、35 万円程度となる。

(3)　シンガポールマネジメント大学（Singapore Management University：略称 SMU）

文系の学部が中心の大学である。世界中から学生が集まる有名な MBA カリキュラムがある。実学を重視しており、シンガポール国内の企業から高い評価を得ている。また、学生の就職支援に力を入れていることでも知られており、大学内には面接用のスペースが用意され、学生がいつでも面接に参加できるようスーツ一式の貸し出しも行っている。

(4)　シンガポール工科デザイン大学（Singapore University of Technology and Design：略称 SUTD）

2009 年に新設された国内で最も新しい国立大学である。学部は理系のみで、毎年約 400 人が入学している。マサチューセッツ工科大学を参考にした独自カリキュラムが用意されており、実学中心の授業を展開しているのが特徴である。長期休暇がなく、1 年間を 3 学期に分け、学生は 3 年半で卒業を迎える。新しい大学ながら評価は高く、4 つの国立大学のうち卒業生の平均年収は最も高いといわれている。

第 8　マレーシア（Malaysia）

1. 基本情報と特徴

マレーシアの人口は約 3200 万人である。アジアの中では比較的少ないが、マレー系、中華系、インド系が混在する複数民族国家である。ダイバーシティを体現する国であり、異なる文化を受け入れる素地がある。

公用語はマレー語であるが、英語や中国語も広く使われており、ほとんどのマレーシア人が複数言語を操る。ほかにもフランス語、日本語、アラビア語、タイ語など、飛び交う言語は多岐にわたる。国教はイスラム教で、マレーシア人の採用を通じてムスリムの受け入れの事例をつくったというケースも多くみられる。

2. 教育事情

周辺国に比べて教育環境は整っており、独自の進学システムがある。まず日本の小学校にあたる初等教育が６年間、中学・高校にあたる中等教育が５年間あり、この11年間が義務教育期間となる。初等教育の６年目に全員が全国共通テストを受け、その結果によって進学先が決定する。その後、中等教育の３年目にも残り２年間の進路を決めるテストを受ける必要があり、そこで理系・文系のどちらに進むかが決定する。中等教育終了後から大学入学までに半年から１年の準備期間があり、準備期間終了時に全国共通テストを受験する。この成績によって選べる大学や専攻が決まる。大学進学率は45.13％である。

大学の年間スケジュールは、９月～１月が前期、２月～６月が後期、卒業式は11月となるのが一般的である。

3. 日本への関心と日本語環境

日本の集団主義と勤労倫理を学ぼうとする「ルックイースト政策」をマハティール・ビン・モハマド元首相が前政権時代の1981年に掲げており、その影響もあって日本の人気は高い。親日国であり、多くの日本車が走っていたり、日本企業とビジネス上のコラボレーションをしたりといった動きも盛んである。

大学教授にも日本で生活をした経験のある人が多く、学生は質の高い日本語教育を受けられるだけでなく、正しい日本文化も同時に学んでいる。日本への留学を促す大学の動きもある。多言語国家であることから、マレーシア人は新しい言語を習得することへの抵抗が少なく、中でも中華系は中国語が使えることから、日本語の習得が早い。ほとんどの大学生は英語が堪能であり、日本企業にとって言語の面は大きな魅力だろう。

4. 就職事情と仕事観

就職活動は卒業後に行うのが一般的で、大学内で開催されるジョブフェアに参加するのが基本である。たとえばマレーシア科学大学の場合は年に 2 回、3 月と 10 月にジョブフェアが開催され、在学生と卒業生の双方が参加する。ほかに転職サイトを使ったり、企業に直接問い合わせたり、学部や先輩からの推薦で就職が決まったりすることもある。大学での専攻を活かした就職が難しいケースもあり、専攻と関係のない会社を選ぶこともさほどめずらしくない。

就職先としては政府機関と大手企業、そしてグローバルに活躍できる会社が人気である。マレーシアでは留学したり海外で働いたりする人が多いため、海外での就業に抵抗感がない人が多い。マレーシア国内では転職をしなければ役職も給与も上がらないため、2 年に 1 回ほどの頻度で転職をするのが一般的だが、役職と給与が上がり、待遇に不満がなければ転職はしにくいともいえる。

初任給は日本円で 4 万～ 6 万円程度であり、日本で働く給与上のメリットは大きい。充実した福利厚生や研修制度、そして国の安全性も魅力に映っており、日本で長期的に働きたいと希望している人も多数いる。

マレーシアは残業がほとんどなく、仕事量が多ければ上司に訴えることも普通であるため、この点は日本の就業環境とは異なる。ただ、マレーシア人は複数民族国家であることから異なる文化を受け入れる素地があり、日本のやり方に合わせようとする人が比較的多い。我が強い人が少なく、職場の輪を乱すようなこともあまりない。日本企業になじみやすいので初めて外国人材を採用する企業におすすめといえる。規律の正しさが求められる日本の製造業の風土にも合う。

なお、マレーシアでは就職後も家族で暮らすことが一般的である。日本で一人暮らしをする際は孤独感を感じないような工夫やケアがあるとよい。

5. 代表的な大学

(1)　マレーシア科学大学（University of Science Malaysia：略称 USM）

科学系の国内トップ大学である。技術系の学部が集まる「Engineering Campus」、医療系の学部が集まる「Health Campus」、その他の学部が集まる「Main Campus」の 3 つのキャンパスがあり、学生数は約 3 万人である。主なキャンパスを構えるペナン島には日本企業の工場も多い。半年間のインターンが義務づけられており、学生は 3 年生の後期に民間企業か政府系機関のどちらかでインターンを行う。

(2)　マレーシア工科大学（University of Technology Malaysia：略称 UTM）

工学系の国内トップ大学である。研究開発が盛んで、かつ日本語教育にも熱心である。日本語を話せる学生も多いため、日本企業から人気がある。一方、シンガポールに近接したジョホールバルに位置するため、日常からシンガポールとの行き来が盛んで、就職先としてシンガポール企業を選び、国境を越え通勤する場合もある。採用においてはシンガポールの企業や拠点と競合になることがある。

第 9　フィリピン共和国 (Republic of the Philippines)

1. 基本情報と特徴

人口は 1 億 98 万人で、公用語はフィリピノ語と英語である。7000 を超える島にはさまざまな民族が暮らしており、80前後の言語が使われている。ASEAN唯一のキリスト教国であり、国民の83%がカトリックである。

国民性としては、明るくて優しい人が多い。物怖じせず、母国を離れてホームシックになってしまう人も少ない。ホスピタリティが高く自分以外の人の仕事にも気を配れる傾向にあり、責任感があるためスタッフ系の職種にも向いている。コミュニケーション力に長けており、プレゼンテーションが得意な人も多い。

男女格差を測るジェンダー・ギャップ指数では、2018年調査で8位とアジアで1位を獲得しており、女性の社会進出が進んでいるのも特徴である。

2. 教育事情

幼稚園に1年間、小学校に6年間、中学校に4年間、高校に2年間、大学に4年間（技術系は5年間）通うのが一般的である。義務教育期間は幼稚園から高校までの13年間となる。飛び級の制度があり、各学校の1学年100～1000名程度のうち飛び級となるのはだいたい2～3名である。最近では16歳で国内トップのフィリピン大学を首席で卒業した例もある。

中学、高校は一般の学校と「サイエンスハイスクール」とよばれる学校の2つに大きく分かれる。受験に合格した人がサイエンスハイスクールに進むことができ、通常の授業に加えてジャーナリズムやロボットなど、専門性の高い分野を学ぶことができる。大学進学率は35.48%。金銭的な理由で進学できない人も多く、また入学できても卒業するのは難しい。成績の問題もあるが、途中で大学を辞めて就職する人も一定数いる。

大学の年間スケジュールは8月～12月が前期、1月～5月が後期で、卒業式は6月に行われるのが一般的である。

3. 日本への関心と日本語環境

フィリピンにとって日本はたくさんあるアジアの国の一つにすぎず、他のアジア各国が日本に抱くような特別な印象はない。英語ネイティブであるため、アメリカやカナダ、イギリス、オーストラリアなどの英語圏に目が向きがちである。ただ、最近は各国のビザが取得しづらくなっており、日本でも採用のチャンスは高まっている。

アルファベットを使用しているため文字の感覚は日本人と大きく異なり、日本語にはなじみにくいが、フィリピノ語の発音が日本語と似ているため、日本語の発音はきれいな傾向にある。日本語を話せるフィリピン人は稀少であるものの、「英語が話せれば日本語は問わない」という企業の場合、言語の問題は解決できる。

4. 就職事情と仕事観

大学在学中は勉強に専念する学生が多いため、就職先は卒業後に探すのが一般的である。トップ大学の場合はジョブフェアで仕事探しをすることが多いが、ほかに大学の卒業生とのコネクションで探したり、企業に直接アプローチしたりすることも多い。

フィリピン国内にも仕事はあるが、賃金が安く、貧しい地域の出身者は大手企業に就職しにくい状況もある。親戚の誰かが海外で働いているような環境であるため、海外で仕事をすることへの抵抗はほとんどない。海外に出た後はそのままその地に定着することが多く、長期就業が見込める。

注意すべき点として、フィリピン人の場合はビザとは別に出国許可の手続をする必要がある。フィリピンが定めた専門のエージェントに依頼する必要があり、来日後にも面接がある。他の国と比べると手続がやや煩雑だが、それを差し引いても人柄が良く長期就業が見込めるフィリピン人を採用するメリットは大きいだろう。

5. 代表的な大学

(1)　フィリピン大学（University of the Philippines）

国内トップの総合大学である。移動のためにキャンパス内を車が走るほど広大であり、最も大きいのがディリマンキャンパスである。評判の良い教授もここに集まる。

(2)　アテネオ大学（Ateneo de Manila University）

首都マニラに位置する、フィリピン大学に次ぐ国内２位のトップ大学である。学生には裕福な家庭の子が多い。

(3)　デ・ラーサル大学（De La Salle University）

同じく首都マニラに位置し、アテネオ大学と大学ランキングを競っている。コンピュータサイエンスと看護系の学部が人気である。

第 10　ミャンマー連邦共和国 (Republic of the Union of Myanmar)

1. 基本情報と特徴

人口は 5141 万人、公用語はミャンマー語で、国民の 90%が仏教を信仰している。のんびりした国で、目上の人に従順である。仏教では掃除が重要視されているため、きれい好きで几帳面な人も多い。1962 年から 1988 年まで社会主義政権下にあった影響もあり、自発的に行動を起こすことがやや苦手な傾向にある。

ミャンマーでは家族を大切にする文化があり、親と子の関係も近い。子供を勤務先に連れて行き、同僚に紹介することもめずらしくないため、家族の話をすることが少ない日本の職場に戸惑いを感じることもある。

2. 教育事情

小学校５年間、中学校４年間、高校２年間、大学４年間の課程が用意されており、小学校のみ義務教育となる。大学進学率は15.66%。ミャンマーは裕福な国ではなく、そのような中で大学に進めるのはごく一部であるのが現状である。だからこそ大学に進学した学生は一所懸命勉強し、学んだことを活かして仕事をしたい気持ちが強い。教育環境はいまだ整っていないところもあり、大学の施設も十分とはいいがたいが、だからこそ日本の職場で最新技術を使えることがミャンマー人にとっては大きな魅力として映る。

また、優秀な男性は出家したり軍に入ったりすることも多いため、トップ大学は女性比率が高く、理系でも女性が多い。

大学の年間スケジュールは、12月～３月までが前期、６月～９月が後期、卒業式は２月となるのが一般的である。

3. 日本への関心と日本語環境

ミャンマーで日本は非常に人気がある。仏教国という意味でも親和性が高く、かつてミャンマーがイギリスの植民地だった頃、日本軍とともにイギリスと戦った経緯もあり、歴史的にも日本になじみがある。

また、ミャンマーでは空前の日本語学習ブームが起きている。日本語教育機関数は、世界第18位であった2015年度調査から268機関増え、2018年度には400機関と第９位にまで浮上している。背景には日本企業のミャンマー進出があり、日本語ができるミャンマー人の需要が高まっていることから日本語を勉強する者が増えている。日本語とミャンマー語は文法が似ており、ミャンマー人の日本語習得のスピードは早い。

4. 就職事情と仕事観

就職活動を行う時期は大学によりさまざまである。同じ理工系上位の２

校でも、たとえばミャンマー海事大学の学生は卒業前から就職のことを考えている人が多いが、ヤンゴン工科大学の学生は卒業後に両親と相談しつつ仕事を探す傾向にある。仕事はインターネットや、友人からの口コミをもとに探すのが一般的である。

海外への進学や就職はこの章で紹介した他のアジア各国よりかなり遅れている。海外就職をめざしたとしても教育環境が整備されていないことから技能不足と判断されてしまうケースもあり、なかなか採用されにくい。一方で研修環境が整った日本の場合は日本語の能力で技能不足をカバーできることも多く、日本語ができるミャンマー人にとってはチャンスが大きい国といえる。これまでミャンマー人には気候が似ており英語が使えるシンガポールが人気だったが、最近は日本での就職を望む者も増加傾向にあり、採用を考えるのであれば今が狙い目といえる。国内の初任給は２万円程度であることから、日本の給与も大きな魅力として映る。

ミャンマーではビジネスマナーがそれほど重視されないため、受け入れの際は丁寧に１つひとつ教えることが重要である。最初は面倒に感じるかもしれないが、素直に聞く人が多いのでスムーズに日本の仕事環境に慣れてくれる。また、海外で働くミャンマー人は高い確率で国に仕送りをしており、両親や兄弟姉妹をサポートしたい気持ちも強いため、困ったことやつらいことがあっても乗り越える努力をする傾向にある。真面目に働き、言われたことをきちんとこなす人が多いことから、手順を守ることが重要な製造業への親和性が特に高い。

5. 代表的な大学

(1)　ミャンマー海事大学（Myanmar Maritime University）

国内トップクラスの理工系大学である。海運や船舶などに関連した学部が中心だが、機械工学や電気工学に通ずる科目を履修している学生も多い。海外就職する学生が比較的多く、海外で働きたい人にとってミャンマー海事大学への進学が現実的な道と考えられており、海外志向の強い優秀な学生が集まってくる。卒業後に日本語学校に通って日本語を学ぶ学生も多くいる。

(2)　ヤンゴン外国語大学（Yangon University of Foreign Languages）

日本語学科の教育レベルが高く、多くの人が卒業時に日本語能力試験（JLPT）N2まで達する。世界的にみても日本語を話せる学生が多くいる大学である。大阪大学や東京外国語大学といった日本の有名大学へ短期留学生を送っており、成績が優秀で日本語能力が高く、さらに日本での生活経験がある学生もいる。

Chapter III

第３章 外国人材採用に関する実務

本章では外国人材の採用に関する具体的な実務について、「採用活動を始めるまで」「採用活動を始めてから内定を出すまで」「内定を出してから受け入れまで」の３つのフェーズに分けて考えていく。

第１　採用活動を始めるまで

採用活動を開始する前に考えなくてはならないのが、「採用条件」と「採用手法」である。

1. 採用条件を定める際のポイント

まずは、採用条件を定める際のポイントについて紹介する。

■ ***Point 1*** ――採用ターゲットを明確にする

あらためて「なぜ外国人材を採用するのか」を細かく考えていくことが重要である。仮に中国語が話せる人材が欲しい場合、現地の文化背景まで理解している人が必要なのか、それとも単に中国語を話せればよいのかによって採用ターゲットは異なる。中国語は中国のみならず、マレーシアやシンガポールでも広く使われており、さらにいえばどの国にも中国語ができる人はいる。条件が中国語を使えることであれば、必ずしも採用ターゲットを中国人に絞る必要はないことになる。

■ ***Point 2*** ――採用条件を絞りすぎない

外国人材の採用は中古車探しに似た難しさがある。新車の購入をする際はメーカーを訪れて車種や色を伝えればよいが、中古車との出会いは一期一会といえる。仮に車種やグレードや色、走行距離などの条件に合致する車がどの店舗で販売されているのかを把握できたとしても、それを購入できなかったときに、再び、同様の条件に合致する中古車が市場に出てくる可能性は低い。同様に、採用ターゲットとなる外国人材も一期一会であり、だからこそターゲットを絞りすぎないことが重要である。この人だと思ったら躊躇せずに採用する必要もある。

第１章で解説したとおり、特に「理系のスキル」と「日本語力」の双方を満たす外国人材はごく少数である。条件がどちらか一方になるだけで採用難易度がかなり下がることを覚えておきたい。詳しくは64頁で後述するが、日本語力は内定を出してから入社までの期間で日本語教育を支援することによって向上する可能性も十分ある。

2. 採用手法

次に採用手法についてみていこう。日本では大多数の学生が就活サイトなどのプラットフォームに登録するが、海外ではそういった学生向けのプラットフォームがほとんどない。日本企業の選択肢としては大きく２つに分かれる。

(1)　選択肢１——大学に直接アプローチをする

「理系のスキルがあって日本語力もある人」にピンポイントでアプローチをするのはまず不可能だが、「専門的なスキル」か「日本語力」のどちらかがあればよいのであれば、求めるスキルに関連する学部がある大学のキャリアセンターに直接アプローチすればよい。ある程度長期的な取組みが必要であるが、定期的に接点をもつことで大学の関係者や教員と親しくなれば直接良い人材を推薦してもらえる可能性もある。

大学主催のジョブフェアにブース出展費（無料～10万円程度）を支払って参加する方法もあるが、非効率かつ多大な工数がかかるのであまりおすすめはできない。まず、基本的に現地の学生にとってほとんどの日本企業は無名であり、国によっては日本のことすらあまり知らないこともある。そのような状況で集客をするのは難しく、さらにたとえ学生がブースに来てくれたとしても、それがターゲット人材とは限らない。ITエンジニアを求めているのに文系学部の学生ばかりがブースに集まってしまうこともある。こちらも継続的に出展することで自社の認知を高めるなど、長期的な取組みが求められる。

(2)　選択肢２――採用エージェントに依頼する

採用条件を絞りたい、もしくは初めて外国人材の採用に取り組むのであれば、採用エージェントを使うのが現実的である。各大学を回って集めた人材の中から採用条件に合致する人をスクリーニングして紹介してくれる。ターゲット人材とのみ面接ができるのが最大の利点である。原則として成果報酬型で、採用すると１人あたり 80 ～ 200 万円程度の費用が発生する。面接は現地に赴くか、もしくは候補者を日本に招くかのいずれかであるが、どちらの場合も航空券や宿泊代は企業負担となるのが一般的である。

(3)　まとめ

簡潔にまとめると、「広くターゲットを定めて各大学に直接アプローチをする」か「ある程度ターゲットを絞って専門業者を使う」の２つが主流の採用手法となる。他に現地の子会社や拠点の社員に採用業務を依頼するケースもあるが、その社員が人事の担当者ではない場合は採用のノウハウがなく、しかも通常業務外の仕事となるために敬遠されてしまうことが多いようである。最初からすべてを自社で行うことは難易度が高いので、まずは専門業者に依頼するのが無難だろう。その後自社だけで取り組めるイメージがもてたら別の手法に切り替えればよい。

第２　採用活動を始めてから内定を出すまで

実際の採用活動の中でも、外国人材ならではの注意すべきポイントがいくつかある。日本人の選考との違いを踏まえながらみていく。

■ *Point 1*――Job Description（職務記述書）をつくる

海外では選考時に「Job Description（職務記述書）」を用意するのが一般的である。担当する業務内容や必要なスキルなどがまとめられた書類で、各ポジションに応じて作成され、人事評価の際にも使用される。候補者から職務記述書を要求されることは多く、確認しないと内定を承諾してもらえないこともあるため、必ず作成しておく必要がある。場合によっては親が確認するケースもある。

■ ***Point 2*** ——“0 次面談”で応募書類のファクトチェックを行う

日本では応募書類の内容が正しいという前提で選考を進めるが、外国人材の場合はその意識を捨てたほうがよい。たとえば「日本語能力試験（JLPT）N3」と記載があっても、本当に取得していることもあれば、「取得はしていないがそのくらいのレベルだと自認している」「今後取得しようと思っている」など、人によって解釈が異なることはめずらしくない。前年に使用した書類を更新しておらず年齢が誤っていることも頻繁にあり、応募書類の内容に不備があるのは日常茶飯事である。フォーマットが統一されているわけではなく、本人がアピールしたいことが書かれているため、企業が知りたい内容が記載されていないなど漏れも多い。

そこで推奨したいのが、書類選考に進む前の面談である。書類を受け取ってそのまま選考を行うのではなく、書類のファクトチェックと不足している情報の確認、語学力の見極めを目的とした、いわば“0 次面談”を人事担当者が実施し、書類を再提出してもらうとその後の選考がスムーズに進む。

その際、面接で聞きたい内容についても伝えられると理想的である。詳しくは次項で説明するが、「会社への志望動機」という発想が外国人材にはあまりない。また、外国人材が日本で働く選択肢は限られるため、「日本で働ければどの会社でもよい」という人も多く、会社情報を十分に認識しないまま選考にのぞんでしまうこともある。最低限自社のホームページを確認するよう促し、企業側が正しく選考を行えるようにすり合わせをしておくべきである。

■ ***Point 3*** ——「会社への志望動機」が希薄であることを理解する

日本では「会社に入る」という意識が強いが、海外では「職につく」という考え方をするため、外国人材は「スキルが合っていれば問題ないだろう」という感覚で就職活動を行う傾向にある。まず、このギャップを認識する必要がある。日本企業は自社とのマッチングを重視するため、人物面の見極めや「この会社で何がしたいのか」「将来の目標は何か」といった質問を重点的にするが、海外ではそもそもこういった観点で選考を行うことが少ない。

この“就社”と“就職”という考え方の違いから、外国人材は面接時に「英語が話せる」「CADが使える」といったスキル面のアピールに終始し、「その会社で何がしたいか」といった考えがないことが多い。そもそも世界と日本では選考で重視するポイントが大きく異なること、そしてあくまでも外国人材は“就社”ではなく“就職”を希望していることを理解したい。「志望動機がない＝ダメな人材」ではなく、そういった考え方があることを単に知らないにすぎない。どうしても「この会社で何をしたいか」を確認したいのであれば、引き出すための一手間が必要となる。先述した「0次面談」などで用意してもらうように促すことも検討すべきである。

■ ***Point 4*** ――候補者の総数が少ないことを念頭におく

採用条件に合致する人材を採用したい気持ちはわかるが、日本人の新卒採用に比べてそもそもターゲットとなる外国人材の総数は極端に少ない。特に理系かつ日本語ができる人ともなると対象者は相当限られるため、次々に候補者があがってくるわけではないことを前提として理解する必要がある。

採用条件に合わない場合は、その要素が先天的なものなのか、それとも後天的なものなのかを振り分けて考えることを推奨する。たとえば、人柄や社風へのマッチングといった先天的な要因についてはどうすることもできないが、スキルなどの後天的に身に付けられるものは伸ばす方法を考えればよい。次項で説明するとおり、特に日本語力については現状のレベルが低かったとしても、入社までの期間によっては伸ばすこともできる。

■ ***Point 5*** ――日本語力は“入社時点の想定日本語力”で判断する

地頭は変わらないが、語学力は努力次第で向上する。日本語力を絶対条件にする企業は多いが、仮に５月に大学を卒業し、翌年の４月に入社するのであれば、その10か月の間に日本語力を伸ばすことも可能である。

たとえば応募者の中に日本語レベル上級が１人、中級が２人、初級が４人いた場合、日本語教育の支援次第では10か月の間に中級の２人を上級に、初級の４人を中級に引き上げられる可能性は十分にある。つまり“入社時点での想定日本語レベル”で考えれば、候補者は上級３人、中級４人となり、採用難易度は大きく下がる。選考時点の日本語力ではなく、入社時点の想定日本語力を踏まえて選考を行いたい。日本語での面接が困難なのであれば通訳をつけてもよいだろう。

なお、日本語力の伸び方は国と日本語教育の環境によって大きく異なる。漢字になじみのある中国、韓国、台湾は日本語の習得も早い傾向にあり、日本語教育機関数上位３か国の韓国、インドネシア、中国は教育環境が整っている。日本語教師によっても伸び方は異なるため、候補者の出身国や日本語教育の環境を踏まえたうえで個別の判断が必要である。第２章の各国の特徴も参考にしていただきたい。

■ ***Point 6*** ――新卒の定義に縛られずに選考する

学校を卒業する年に就職活動をする人を日本では「新卒者」としているが、国によっては卒業してから就職先を探すこともめずらしくない。また、徴兵制度がある国では「大学４年生だから22歳前後だと思っていたらずいぶん年齢を重ねていた」ということもある。在学中かどうかや年齢にこだわらず、「４月に新人研修を受けることができて、新卒の給与水準で問題なければ良しとする」くらいの考え方で選考を行いたい。

■ ***Point 7*** ――給与に関する感覚が違うことを認識する

たとえ新卒でも人によって給与や待遇が異なるのが当たり前である海外では、入社時の条件を面接の場で確認するのが一般的である。提示されている金額は最低給与だという勘違いから「自分の場合はいくらなのか」を確認しようとする外国人材も少なくない。新卒採用で給与を聞かれることに戸惑いを感じたり、金銭欲が強い印象を受けたりすることもあるかもしれないが、海外と日本の採用事情の違いを踏まえて判断すべきである。

また、海外では入社時点で賞与が確定しているのが一般的であり、査定によって変動することがない。「月給25万円、賞与は年2回、昨年実績は年間3.6か月分支給」という説明に対して、「では、今年はいくらなのか」と疑問を抱く外国人材は多い。明確に示すことが難しい場合であっても、過去数年間の実績を提示するなど、支給額をイメージできるよう配慮したい。

■ ***Point 8*** ——簡単な言葉でゆっくり話す

日本語で面接を行う場合、社内用語は避け、できるだけ簡単な言葉を使い、ゆっくり明確に話すことを意識したい。複雑な敬語も使わないほうが親切である。また、日本企業との面接を終えた外国人材からしばしば「怖かった」という声を聞く。ただでさえ慣れない日本語で面接に応えることもあって、候補者は緊張しているものである。尋問のような面接は避け、リラックスしてのぞめるような雰囲気をつくるよう心掛けたい。

■ ***Point 9*** ——面接や面談の機会を複数回設ける

外国人材に日本に来てもらうか、もしくは採用担当者が現地に赴いて選考を行うことになるため、時間の兼ね合いで通常の選考よりも面接回数が減ることが多い。しかし、面接を複数回行うのは世界的にも一般的であり、面接の回数が極端に少ないことに不安を感じる人もいる。同じ日に複数回面接を行う、もしくは人事担当がビデオチャットでフォローの面談を定期的に行うなど、コンタクトの回数を増やせると安心である。

■ ***Point 10*** ——ウェブ面接の場合は通信環境に注意する

面接をビデオチャットなどで行う場合、事前に通信環境を確認しておく。通信状況が悪いことでコミュニケーションがうまくとれないと、どれだけ良い人材であっても不合格になる可能性が高くなってしまう。0次面談の時に通信状況も確認し、環境が悪ければ指摘しておき、面接の日は静かな場所でヘッドセットを用いるように伝えておくとさらに安心である。「候補者が自主的に面接に適した通信環境を用意するのが当たり前」とは思わないほうがよい。

また、国によっては「雨が降ったことでWi-Fiがつながらなくなった」といったこともあるため、面接の当日は30分ほど前にアクセスし、通信環境を確認しておき、それと同時に人事担当者側でアイスブレイクをしておくとよいだろう。

第３　内定を出してから受け入れまで

1. 外国人材が来日する前までにやるべきこと

最後に、外国人材を採用してから先の実務について考えていく。まずは「外国人材が来日する前までにやるべきこと」をみていく。

(1)　来日前のToDo①——日本語教育の支援

会社の仕事、日本での生活と、新しいことばかりの環境に慣れながら、同時に日本語を集中して学ぶことは現実的ではない。採用した外国人材の日本語力が必要なレベルに達していない場合は、入社前に日本語教育の支援をする必要がある。新人研修に参加できないなど実務上の不都合も生じるため、入社前にできる限り日本語力を引き上げておきたい。

前記第２・Point5で解説したとおり、日本語力の伸び方を左右するのは出身国と日本語教育の環境であるが、海外の日本語学校の質はさまざまであり、日本語能力試験（JLPT）N1レベルに対応できる学校は基本的に大都市に集中する。一方で外国人材が通う大学の大多数は都市部から離れたところにあり、大学の授業を受けながら都市部まで通って日本語授業を受けることは困難なことが多い。最近ではオンラインによる日本語教育も増えてきているので、こちらを利用するほうが確実といえる。余裕があれば、第６章第１で紹介している東日本旅客鉄道株式会社（JR東日本）のように、予定している入社日の数か月前に来日し、そして入社してもらい、日本の生活に慣れながら日本語学校に通ってもらうのが日本語を伸ばすうえでは最も効果的といえる。

(2)　来日前の ToDo ②——ビザの手続

ビザは３か月ほど前から準備を進めておくべきである。注意点としては、出入国在留管理庁に提出する書類の一つに卒業証明書があるが、大学や学部によって卒業証明書を出す時期や申請の仕方が異なる。内定を出すと同時に「いつ、どのように取得するのか」を確認しておくとよい。学生にとっても卒業証明書の取得は初めてのことであり、本人も理解していないことが多い。大学の事務局に確認させる、もしくは日本に就職した大学の先輩に聞いてもらうなど、本人への確認を促すことをすすめたい。

(3)　来日前の ToDo ③——航空券の手配

ASIA to JAPAN が採用のサポートをしているほとんどの企業が航空券の手配を企業側で行い、費用も全額負担している。入社日の１週間前を目安に来日してもらい、その間に役所の手続や携帯電話の契約、その他生活に必要なものを揃えられるとスムーズである。

(4)　来日前の ToDo ④——住居の手配

大前提として、外国人が海外から日本の賃貸物件を借りるのは限りなく不可能に近い。日本語が堪能だったとしても、保証人や緊急連絡先が外国になってしまうこと、身分証明書やビザなどの確認が困難であることから、受け入れる不動産業者はほとんどない。そのため来日してから物件を探すことになるが、慣れない土地で生活する場所が決まっていない不安は大きい。可能であれば企業側で事前に住居を手配することが望ましいが、それが難しいのであれば当面の住居として２か月程度、マンスリーマンションなどを会社で用意できると安心である。

その際、「就職のために遠方から転居する日本人社員への住宅サポートはしていない中で、外国人材にのみ対応するのは不公平ではないか」と懸念する人事担当者もいるが、前述のとおり外国人材は来日するまで住居を借りられない事実もあるため、特例としてサポートできるよう社内の整備を進めておくべきである。なお、ASIA to JAPANを通じて外国人材を採用した企業の約６割が何らかの「住居に関する費用」を会社で負担している。

(5)　来日前のToDo⑤――外国人材をサポートするメンターの手配

可能であれば、外国人材の日本での生活をサポートするメンター役の社員がいるとよい。何かあったときに気軽に相談できる人が１人いるだけで、働きやすさや安心感は格段に変わる。人事担当者ではカバーしきれない細々したことをケアできるメリットも大きい。入社が決まった段階で該当者を探し、後述する入社前の各種手続や生活用品の買い物、住まい探しのフォローもメンターに頼めると理想的である。

メンターの人選は「同じオフィスやフロアで働いている別チームの社員」で「英語が話せる人」が望ましい。利害関係がなく、ほどよい距離感を保てる社員が適任である。さらに留学経験者であれば慣れない土地で生活する苦労や心細さを外国人材と共有でき、親身になってサポートをしてくれるだろう。逆に避けたいのは直属の上司や先輩である。自分を評価する立場の人に悩みや困りごとを打ち明けづらいことは想像にかたくないだろう。

(6)　来日前のToDo⑥――配属先の調整

外国人材を初めて受け入れる際は、海外勤務経験のある上司や部門長がいる部署への配属を検討するとよい。外国人との接し方に慣れていればトラブルになりにくく、外国人材の働きやすさにもつながる。

(7)　来日前のToDo⑦――本人と出身国に関する社内共有

所属部署とメンターに向けて、外国人材に関する情報共有の場を設けておく。大学の専攻や入社理由、やりたい仕事、人柄、宗教など、本人の情報とともに出身国の基本情報や文化、風習についても説明しておくとよい。たとえば中国では１月下旬～２月中旬のいずれかの１週間（毎年時期が異なる）が春節の祝日となるが、この時期に中国人の社員から休暇をとりたいと言われたとき、春節への理解があるかどうかで受け止め方は異なるだろう。文化や習慣の違いを知っておくことで、理解不足から生じるトラブルを回避できる。

(8)　来日前のToDo ⑧——印鑑の用意

来日後の各種手続には印鑑が必要であるが、ほとんどの外国人材の場合、印鑑は特注になる。手元に届くまである程度時間がかかるため、事前に用意しておき、来日してすぐに渡せるとスムーズである。

(9)　まとめ

航空券の準備などの来日の手配や住居のサポート以外、基本的には外国人材の受け入れに際して特別な制度や設備を整備する必要はない。入社してから細かな部分で不具合が生じることはあるが、そのつど対応していけば十分である。

2. 外国人材が来日してから入社するまでに行うべき対応

次に「外国人材が来日してから入社するまで」に行うべき対応について紹介する。研修や業務に集中できるよう、日常生活を送るうえで必要な手続は入社前に済ませておきたい。ひととおりの手続や日本での生活になじむための期間として、1週間程度はみておきたい。

(1)　来日後のToDo ①——空港でのピックアップとWi-Fiの手配

外国人材を採用した企業の多くは専門業者に依頼したり、自社の社員が迎えに行ったりと、空港でのピックアップを行っている。その際に用意しておきたいのがポケットWi-Fiである。日本に到着したことを親に報告したり、空港から目的地に向かう際にわからないことを調べたり、常にインターネットがつながっていることの安心感は大きい。携帯電話を契約するまでの期間中にも使えるよう、2週間程度レンタルしておくとよい。

(2)　来日後のToDo ②——各種手続のサポート

来日後に必ず手続をしなければならないのが、住民票の届出、銀行口座の開設、クレジットカードの作成、携帯電話の契約である。外国人が携帯電話を契約するには、まず銀行口座を開設してクレジットカードをつくらなければならない。そして銀行口座を開設するためには住民票が必要となる。マンスリーマンションなどの仮住まいであっても住民票は取得できるが、役所や銀行の手続には時間がかかるため、住民票を取得してから携帯電話を契約するまでに１週間程度はかかると想定しておきたい。

(3)　来日後の ToDo ③――生活用品の買い出しへの同行

人事担当者ないしメンターとともに、住居の近所のスーパーやドラックストアを回れると安心である。英語表記がない商品も多いので、生活必需品を一緒に探しに行けるとよい。文化や慣習の違いから生じるトラブルを防ぐために、ゴミ出しの仕方など、生活に関するオリエンテーションを同時に行えるとさらによい。

(4)　来日後の ToDo ④――物件探しのサポート

来日後であっても、外国人が賃貸物件を探す難易度は高い。外国人不可の物件も多く、それなりに日本語を話せたとしても住宅に関する用語になじみがないことが多い。また、家賃相場や土地勘、あるいは敷金・礼金といった日本の慣習もわからないため、ともに物件を探したり不動産会社を訪れたりといった人事担当者やメンターのフォローがあると心強い。その際、外国人の住居探しに前向きな不動産業者をみつけたら積極的に関係を築いておくとよいだろう。懇意の不動産業者がみつかれば、翌年以降の物件探しが格段に楽になるはずである。

なお、数十万円にもなる敷金・礼金を支払えない外国人材も多いため、住居の初期費用の支払いにあててもらう目的で給与を前払いする企業もある。シェアハウスであれば初期費用がかからず、通常の賃貸物件よりも探しやすいメリットがあるものの、特に女性の場合はシェアハウスを敬遠する人がいることも念頭においておきたい。

3. 入社後外国人材と円満に働いていくために最低限やっておくこと

最後に入社後、外国人材と円満に働いていくために最低限やってほしいことについて紹介する。

(1)　入社後の ToDo ①——入社初日に歓迎会を行う

何もかも新しい環境の中で外国人材は緊張している。特に入社初日は最も緊張するからこそ、ランチと夜の歓迎会をセッティングし、「歓迎している」ことを表明するとよい。宗教上の理由からアルコールや食事に制限があることも多いので、事前の確認は不可欠である。飲み会よりは食事会のほうがよい。

初日に限らず、ともに食事をする機会は多ければ多いほどよい。食事をともにすることで社内でコミュニケーションがとりやすくなり、外国人材への声かけが増える効果も期待できる。同じチームに限らず他の部署の人も交えて、定期的に食事の機会をセッティングできると理想的である。社内コミュニケーションの活性化と日本語力向上のためにも、積極的に日本人社員との交流の場を設けるよう意識し、孤独になりがちな外国人材を１人にしないよう、常に声をかけることを心がけたい。

(2)　入社後の ToDo ②——定期的なメンターとのランチ会を設ける

メンターにも初日、最初の週末、入社１か月後など、折にふれてランチやお茶をともにしてもらえるとより安心である。その際、業務ではなく、「友人としてサポートしている」というスタンスが重要である。人事担当者や上司への報告を義務づけてしまうとスパイのようになってしまい、メンターと外国人材との関係性の構築にマイナスに作用してしまうことになりかねない。重大な問題が発生しない限り、人事担当者や上司は関与しないほうがよいだろう。

(3)　まとめ

特に初めて外国人材を受け入れる場合、社内制度の思わぬ不具合や細かなトラブルが発生することもあるが、基本的にはそのつど対応していけば問題はない。ともに働く中で日本人の常識とは異なる行動をとることも時にはあるだろうが、頭ごなしに怒ったりただ注意したりするだけではなく、「どうしてこのような言動をしているのか」を考え、それを踏まえて指導する癖をつけることが重要である。

Chapter

Ⅳ

第４章　外国人材採用の法務

第１　日本型雇用と外国人材

1.　日本の働き方の行方

日本型雇用システムにおける雇用とは、職務ではなくメンバーシップであるとし、その本質からの論理的帰結として導かれる特徴が長期雇用制度、年功賃金制度および企業組合であるとの見解（濱口桂一郎『新しい労働社会』（岩波書店、2009年）３～４頁。以下、「濱口・労働社会」という）は実務家や研究者の間でも、一定の共通理解になっていると思う。

現在、この日本型雇用システムは揺れている。

2019年４月１日から「働き方改革を推進するための関係法律の整備に関する法律」（いわゆる「働き方改革関連法」）が順次施行され、時間外労働時間の上限が法定された。また、2020年４月１日から「短時間労働者及び有期雇用労働者の雇用管理の改善等に関する法律」（いわゆる「パートタイム・有期雇用労働法」）が施行され（中小事業主については2021年４月１日に施行される（働き方改革関連法附則11条））「同一労働同一賃金」が進められる結果、恒常的時間外労働を行う実務慣行（濱口・労働社会52頁、濱口桂一郎『労働法政策』（ミネルヴァ書房、2004年）264頁）やメンバーシップの中心にいる正社員と非正規労働者の間の格差を前提としてきた日本型雇用システムは転換点を迎えている（濱口桂一郎『日本の労働法政策』（労働政策研究・研修機構、2018年）27頁参照（以下、「濱口・日本の労働法政策」という））。

2020年１月１日に一般社団法人日本経済団体連合会（経団連）の中西宏明会長は、日本経済新聞のインタビューに対し「新卒一括採用、終身雇用、年功序列型賃金が特徴の日本型雇用は効果を発揮した時期もあったが、矛盾も抱え始めた。今のままでは日本の経済や社会システムがうまく回転しない。雇用制度全般の見直しを含めた取り組みが重要だ」と述べている（日本経済新聞電子版「『雇用制度全般の見直しを』中西経団連会長経済３団体トップの年頭所感」(2020年１月１日))。まさに、過去には「日本型雇用」が効果を発揮した時期（日本型雇用システムの形成過程については、濱口・日本の労働法政策のほか、久本憲夫「補論３　正社員の歴史」同『新・正社員論』（中央経済社、2018年）217頁以下、小熊英二『日本社会のしくみ』（講談社、2019年）等がある）もあったと思われる。たとえば、エズラ・ファイヴェル・ヴォーゲル『ジャパンアズナンバーワン（新版）』（CCCメディアハウス、2004年）第６章では、終身雇用、年功序列、従業員の会社への忠誠心が日本型経営の特徴として記載されている。しかし、過去には良い点とされたものが、現在の日本には合わなくなっているというのだと思う。

また、長期雇用制度と年功賃金制度と親和的な学卒一括採用システム（濱口・労働社会134頁以下）についても、経団連と国公私立大学のトップで構成される「採用と大学教育の未来に関する産学協議会」において2019年４月22日付けで「中間とりまとめと共同提言」が公表され、その中で、「世界規模で激しくかつ不連続に変化するSociety 5.0時代においては、これまでの新卒一括採用と企業内でのスキル養成を重視した雇用形態のみでは、企業の持続可能な成長やわが国の発展は困難となる」として、新卒一括採用と社内教育を中心とする雇用制度に問題提起がされている。そして「日本の長期にわたる雇用慣行となってきた新卒一括採用（メンバーシップ型採用）に加え、ジョブ型雇用を念頭に置いた採用（以下、ジョブ型採用）も含め、学生個人の意志に応じた、複線的で多様な採用形態に、秩序をもって移行すべきである」として、日本型雇用システムの本質であったメンバーシップ型採用からジョブ型採用を含めた複線的な採用への移行を提言する。

「働き方改革関連法」で日本は労働時間法制の歴史上初めて一般的な時間外労働の上限規制が確立された（濱口・日本の労働法政策550頁）。日本型雇用システムが有効であった際には、正社員として、極端にいえば24時間企業の要請に応じるような働き方も、合理性があったと思われる（久本・前掲書243頁)。そういった仕事を中心にした企業戦士とよばれるような働き方を是とする価値観があった時期は、恒常的時間外労働も甘受できたであろう。しかし、社会が変化し、これまでの仕事を中心とした価値観のみでは企業は組織への求心力を保ち得ないのではないかと思う。前述の2019年4月22日付けの「中間とりまとめと共同提言」でも「複線的な採用」とあるように、単線的な出世社会から、価値観を含めた多様性に富んだ産業組織へ移行する必要があるように思われる。

2. 外国人材の受け入れ拡大

このような日本の働き方が大きく変革している最中の2019年4月に、外国人材の受け入れにおいても大きな改革が行われた。2019年4月に、改正入管法（出入国管理及び難民認定法）が施行され、「中小・小規模事業者をはじめとした深刻化する人手不足に対応するため、生産性向上や国内人材の確保のための取組を行ってもなお人材を確保することが困難な状況にある産業上の分野において、一定の専門性・技能を有し即戦力となる外国人を受け入れていく仕組みを構築する」ために、新しい在留資格である「特定技能」が創設されたのである。施行の5年後に、約34万人の外国人が、「特定技能1号」として日本で在留することが予定されている。

特定技能制度が開始する以前から、外国人材の雇用は増加していた。

2019年10月末時点で約166万人の外国人材が日本で就労しているが、この数は2018年6月時点における派遣労働者数（「派遣労働者数」は、労働者派遣事業での「無期雇用派遣労働者」と「有期雇用派遣労働者」に、（旧）特定労働者派遣事業での「無期雇用派遣労働者」と「有期雇用派遣労働者」を合計した人数）である約134万人（厚生労働省「労働者派遣事業の平成30年6月1日現在の状況」）より多い。また、〔図表3〕のとおり増加の傾向を示しており、今後も少子高齢化および働き手不足を背景にこの傾向が続くものと思われる。

〔図表 3〕在留資格別外国人労働者数の推移

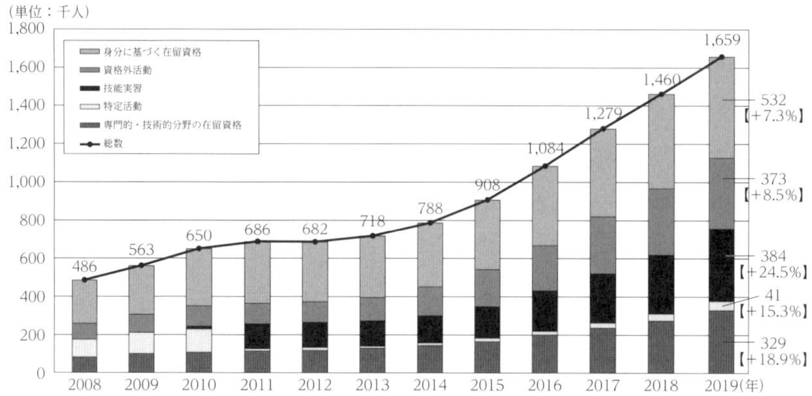

注 1：【　】内は、前年同期比を示している。
注 2：「専門的・技術的分野の在留資格」とは、就労目的で在留が認められるものであり、経営者、技術者、研究者、外国料理の調理師、特定技能等が該当する。
注 3：「身分に基づく在留資格」とは、我が国において有する身分又は地位に基づくものであり、永住者、日系人等が該当する。
注 4：「特定活動」とは、法務大臣が個々の外国人について特に指定する活動を行うものである。
注 5：「資格外活動」とは、本来の在留目的である活動以外に就労活動を行うもの（原則週 28 時間以内）であり、留学生のアルバイト等が該当する。
出典：厚生労働省「外国人雇用状況の届出状況（平成 30 年 10 月末現在）」。

3. 在留資格制度

外国人材の特徴は何より在留資格制度であるといえる。日本では「在留資格制度」を採用している（出入国管理及び難民認定法（以下、「入管法」という）2 条の 2）。在留資格制度とは、「外国人の本邦において行う活動が在留資格に対応して定められている活動のいずれか一に該当しない限り、その入国・在留を認めないとする仕組み」と説明される（坂中英徳＝齋藤利男『出入国管理及び難民認定法逐条解説〔改定第四版〕』（日本加除出版、2012 年）58 頁）。

日本の入管法は、外国人が日本に在留する際に、原則として、1 人一つの在留資格を有する制度を採用していると解されている（一在留一資格の原則、または、一在留一在留資格の原則。東京地方裁判所平成4年3月9日判決・行政事件裁判例集43巻3号298頁、東京高等裁判所平成4年9月16日判決・行政事件裁判例集43巻8～9号1165頁、名古屋高等裁判所平成15年8月7日判決・裁判所ホームページ裁判例情報、名古屋地方裁判所平成17年2月17日判決・判例タイムズ1209号101頁等)。この一在留一資格の原則ゆえに、たとえば「技術・人文知識・国際業務」の在留資格と「留学」の在留資格を同時に有するといったことはできない。

4. 在留資格の種類と高度（外国）人材

2019年4月以降、日本では29種類の在留資格が存在する（入管法別表第一および第二)。この在留資格を、典型的な該当例、在留期間、就労の可否、上陸許可基準の存否についてまとめたのが〔図表4〕である（ゴシック体は企業が高度人材を採用するときに申請することが多い在留資格を示す)。

〔図表4〕在留資格一覧

在留資格	該当例	在留期間
入管法別表第一の一 在留資格の範囲で就労可・上陸許可基準の適用なし		
外交	外国政府の大使、公使、総領事、代表団構成員等およびその家族	外交活動の期間
公用	外国政府の大使館・領事館の職員、国際機関等から公の用務で派遣される者およびその家族	5年、3年、1年、3月、30日または15日
教授	大学教授等	5年、3年、1年または3月
芸術	作曲家、画家、叙述家等	5年、3年、1年または3月
宗教	外国の宗教団体から派遣される宣教師等	5年、3年、1年または3月
報道	外国の報道機関の記者、カメラマン	5年、3年、1年または3月

入管法別表第一の二 在留資格の範囲で就労可・上陸許可基準の適用あり		
高度専門職	ポイント制による高度人材	5年（1号）、無期限（2号）
経営・管理	企業等の経営者・管理者	5年、3年、1年、4月または3月
法律・会計業務	弁護士、公認会計士等	5年、3年、1年または3月
医療	医師、歯科医師、看護師	5年、3年、1年または3月
研究	政府関係機関や私企業等の研究者	5年、3年、1年または3月
教育	中学校・高等学校等の語学教師等	5年、3年、1年または3月
技術・人文知識・国際業務	機械工学等の技術者、通訳、デザイナー、私企業の語学教師、マーケティング業務従事者等	5年、3年、1年または3月
企業内転勤	外国の事業所からの転勤者	5年、3年、1年または3月
介護	介護福祉士	5年、3年、1年または3月
興行	俳優、歌手、ダンサー、プロスポーツ選手等	5年、3年、1年または3月
技能	外国料理の調理師、スポーツ指導者、航空機の操縦者、貴金属等の加工職人等	5年、3年、1年または3月
特定技能	特定技能外国人	1年、6月、4月ごとの更新（≦通算5年、1号） 3年、1年、6月（2号）
技能実習	技能実習生	法務大臣が個々に指定する期間（1号：≦1年、2号・3号：≦2年）
入管法別表第一の三 原則として就労不可・上陸許可基準の適用なし		
文化活動	日本文化の研究者等	3年、1年、6月または3月

短期滞在	観光客、会議参加者等	90日もしくは30日または15日以内の日を単位とする期間
入管法別表第一の四 原則として就労不可・上陸許可基準の適用あり		
留学	大学、短期大学、高等専門学校、高等学校、中学校および小学校等の学生・生徒	4年3月、4年、3年3月、3年、2年3月、2年、1年3月、1年、6月または3月
研修	研修生	1年、6月または3月
家族滞在	在留外国人が扶養する配偶者・子	5年、4年3月、4年、3年3月、3年、2年3月、2年、1年3月、1年、6月または3月
入管法別表第一の五 類型によっては在留資格の範囲で就労可・上陸許可基準の適用なし		
特定活動	外交官等の家事使用人、ワーキング・ホリデー、経済連携協定に基づく外国人看護師・介護福祉士候補者等	5年、3年、1年、6月、3月または法務大臣が個々に指定する期間（≦5年）
入管法別表第二 就労可・上陸許可基準の適用なし		
永住者	法務大臣から永住の許可を受けた者（入管特例法の「特別永住者」を除く）	無期限
日本人の配偶者等	日本人の配偶者・子・特別養子	5年、3年、1年または6月
永住者の配偶者等	永住者・特別永住者の配偶者および本邦で出生し引き続き在留している子	5年、3年、1年または6月
定住者	第三国定住難民、日系3世、中国残留邦人等	5年、3年、1年、6月または法務大臣が個々に指定する期間（≦5年）

〔図表4〕のとおり、近しい用語としては「高度専門職」という在留資格はあるが、「高度人材」や「高度外国人材」（以下、「高度人材」という）という在留資格があるわけではない。また「高度人材」について法律で定義があるわけでもない。

では一般的に「高度人材」といった場合、どういった外国人材を意味するかであるが、2019年４月に改正される前の入管法でいうところの従前の「専門的・技術的分野」とよばれる在留資格で働く人を意味することが多いように思う（出入国管理庁「新たな外国人材の受入れ及び共生社会実現に向けた取組」（いわゆる特定技能制度説明資料）の６頁では、「特定技能１号」についても「専門的・技術的分野」に分類しているが、産業・サービスの現場で就労するための在留資格である「特定技能１号」を「高度人材」に分類することは一般的ではないと思われるため、従来の「専門的・技術的分野」の在留資格としている）。

〔図表5〕は、企業が外国人材を採用する際に申請することが多い在留資格について、縦軸に技能水準をとって図式化したものである。「高度人材」

〔図表5〕在留資格の位置づけ

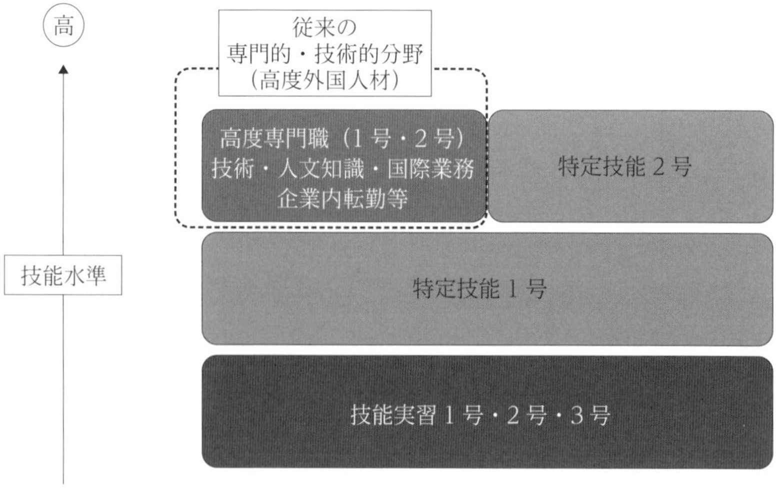

はこの左上の破線で囲まれた部分に該当する外国人材を意味することが多い。

例としては日本貿易振興機構（JETRO）の「高度外国人材活躍促進ポータル」(https://www.jetro.go.jp/hrportal/forcompanies/about.html)では、高度外国人材について次のとおり定義している。

> 次の１～３を同時に満たす人々を高度外国人材と見做し、彼らの活躍を応援しています。
>
> １．在留資格「高度専門職」、「研究」、「技術・人文知識・国際業務」、「経営・管理」、「法律・会計業務」、「企業内転勤」等のいわゆる「専門的・技術的分野」に該当するもの
> ２．採用された場合、企業において、研究者やエンジニア等の専門職、海外進出等を担当する営業職、法務・会計等の専門職、経営に関わる役員や管理職等に従事するもの
> ３．日本国内または海外の大学・大学院卒業同等程度の最終学歴を有している

そして、上記の在留資格については〔図表６〕のとおり在留している外国人の数にばらつきがある。企業が高度人材を採用する場合に活用されることが多いのは、ゴシック体で記載している「高度専門職」「技術・人文知識・国際業務」である。

〔図表６〕在留資格ごとの在留外国人の人数

在留資格	人数（2019年６月末時点）（注）
高度専門職（１号・２号総計）	**13,038人**
研究	1,519人
技術・人文知識・国際業務	**256,414人**
経営・管理	26,148人
法律・会計業務	153人
企業内転勤	18,141人

（注）e-Stat「外国人統計」による。

ところで、この高度人材とされる在留資格を有する人数と、外国人材全体の人数である166万人とを比較すると、大きな差があることが理解できる。

約166万人在留する外国人材がどのような在留資格の決定を受けているかをまとめたのが、〔図表7〕のグラフである（厚生労働省「『外国人雇用状況』の届出状況まとめ（令和元年10月末現在）」）。

在留資格別にみると、「身分に基づく在留資格」（「身分に基づく在留資格」には、「永住者」、「日本人の配偶者等」、「永住者の配偶者等」、「定住者」が含まれる）が外国人材全体の32.1％を占め、次いで、「技能実習」23.1％、「資格外活動（留学）」を含む「資格外活動」22.5％、「専門的・技術的分野の在留資格」（「専門的・技術的分野の在留資格」には、「教授」、「芸術」、「宗教」、「報道」、「高度専門職1号・2号」、「経営・管理」、「法律・会計業務」、「医療」、「研究」、「教育」、「技術・人文知識・国際業務」、「企業内転勤」、「興行」、「介護」、「技能」が含まれる）19.8％となっている。

〔図表7〕在留資格別外国人労働者の割合

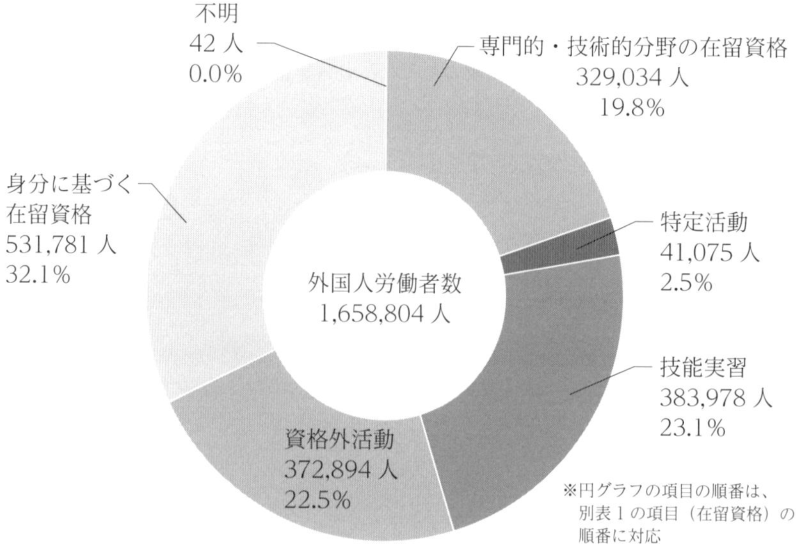

※円グラフの項目の順番は、別表1の項目（在留資格）の順番に対応

また、資格外活動についてみてみると、資格外活動37万2894人のうち、「資格外活動（留学）」として就労する外国人材の数は31万8278人であり、資格外活動に基づき就労する外国人材全体のうち85.3%を占め、多くが留学生のアルバイトであると思われる。

高度人材に区分される「専門的・技術的分野の在留資格」については、合計32万9034人であり、全体の約19%を占めているにすぎない。このグラフから、外国人材は、半数かそれ以上が、産業・サービスの現場で働いているといえ、「高度人材」の活用は、まだ増加の途中にあるものといえる。

5. 高度人材の出身国・地域

では、高度人材の出身国・地域はどの国・地域が多いのであろうか。〔図表8〕は、高度人材に分類される在留資格について、国籍ごとにまとめたものである。

地理的な区分でみると、アジア：25万2689人、ヨーロッパ：1万6461人、アフリカ：1489人、北米：1万3451人、南米：1167人、オセアニア：2646人であり、アジアが圧倒的に多いことがわかる。

また、国籍・地域別でみると1000名以上在留している国籍・地域だけでも22か国・地域あり多様な地域から日本に来ていることがわかる。

6. 高度人材の採用とジョブ型採用

高度人材の採用は、日本型雇用システムの特徴であるメンバーシップ型の採用より、ジョブ型採用のほうがなじみやすい。これは、外国人材がジョブディスクリプションで業務内容を明確にしたうえで雇用契約を締結する文化にあるといった文化的な差に基づくものではない。

高度人材の多くが入管法別表第一の二（〔図表4〕参照）の在留資格に規定される在留資格を申請する。この入管法別表第一の二で規定される在留資格は、入管法19条1項で、原則として、当該在留資格で行うことができる活

〔図表８〕国籍・地域別　在留資格（在留目的）別在留外国人

国籍・地域	総数	高度専門職1号イ	高度専門職1号ロ	高度専門職1号ハ	高度専門職2号	技術・人文知識・国際業務	企業内転勤	特定活動 高度人材
総数	287,915	1,768	10,355	473	442	256,414	18,141	322
アジア	252,689	1,389	9,016	289	417	225,949	15,367	262
ミャンマー	4,256	2	8	—	—	4,051	194	1
バングラデシュ	2,060	24	15	—	1	1,999	18	3
スリランカ	4,563	7	12	1	2	4,160	381	—
中国	103,651	825	7,092	212	371	88,959	5,975	217
台湾	14,159	47	410	18	11	13,085	580	8
インド	10,637	93	486	11	12	8,592	1,431	12
インドネシア	3,916	24	52	1	—	3,178	660	1
韓国	29,482	137	358	30	9	27,362	1,576	10
マレーシア	2,262	18	69	1	—	1,952	220	2
モンゴル	1,818	7	44	—	1	1,745	19	2
ネパール	11,254	24	12	—	—	11,148	70	—
パキスタン	2,281	7	13	1	—	2,196	63	1
フィリピン	9,587	23	35	2	1	7,746	1,779	1
タイ	3,523	21	60	—	1	2,421	1,019	1
ベトナム	46,184	74	244	7	6	44,670	1,182	1
その他	3,056							
ヨーロッパ	16,461	197	643	73	13	13,862	1,637	36
フランス	3,525	41	191	17	3	2,905	363	5
ドイツ	1,582	21	53	7	1	1,090	407	3
ロシア	1,230	16	40	—	4	1,143	25	2
英国	4,144	31	140	29	—	3,715	222	7
その他	5,980							
アフリカ	1,489	57	38	3	1	1,332	58	—
北米	13,451	78	508	81	9	11,921	838	16
カナダ	2,063	14	68	5	4	1,916	54	2
米国	10,610	53	423	73	5	9,353	689	14
その他	778							
南米	1,167	25	56	5	1	978	101	1
オセアニア	2,646	22	94	22	1	2,360	140	7
オーストラリア	2,052	10	73	18	1	1,825	118	7
その他	594							
無国籍	12	—	—	—	—	12	—	—

（e-Stat「外国人統計」より）

動として別表に定められている活動以外の活動で、報酬を受ける活動を行ってはならないとされる。仮に、入管法19条1項に違反して、在留資格で定められた活動以外の活動で報酬を受けた場合、「不法就労活動」（入管法24条3の4号）に該当し、働いた外国人材は同法70条1項4号または73条によって刑罰を科せられる可能性がある。

これを企業の側からみた場合、在留資格外の業務を行わせた場合には「不法就労活動」をさせたとして不法就労助長罪に該当し（入管法73条の2第1項1号）、業務を行わせた責任者および法人が300万円以下の罰金または3年以下の懲役に処せられる可能性がある（同法76条の2）。

このような在留資格制度による制限があるため、高度人材の採用を検討する場合は、自社でどのような活動（業務）を行ってもらうのかを明確にし、当該活動が可能な在留資格が何であるかを特定し、当該在留資格を取得できる外国人材を採用することになる。そのため、必然的にジョブ型採用になじみやすい。

7. 高度人材と日本型雇用システム

高度人材の採用は、ジョブ型採用になじみやすいという点以外にも日本型雇用システムで行われていた実務慣行を見直すきっかけになる。

高度人材の出身国・地域は多様であり、働き方は国・地域で異なる。たとえば、ベトナムの労働法では配置転換や残業について使用者側の指揮権が日本より制限されている（ベトナム労働法（10/2012/QH13）31条、106条）。また、未消化の有給の買取りを労働者側から請求することも可能である（同法114条）。このように、当該国・地域の法律と日本の労働法が異なることから、働き方が異なることもある。

また、家族感や仕事とプライベートの優先度においても、国・地域で異なるであろう。

このような制度的・文化的な違いを高度人材は社内に提示してくれる可能

性がある。そういった制度的・文化的な違いは、時に当該人材と会社との間で対立を生じさせることもあると思う。

他方で、制度的・文化的な違いを多様性として取り込めれば、当該会社は、より多くの人が働きやすい会社になる可能性もある。高度人材が働きやすい会社は、日本人も働きやすい会社であることが多い。

異なる制度・文化への受容度・許容度を高め組織の多様性を高める意味でも、高度人材の採用は揺れる日本型雇用システムを良い方向に変更させるきっかけになる可能性を有している。

第2　高度人材の受け入れ手続

1. 手続の流れ

高度人材の受け入れ手続は、技能実習制度や特定技能制度の場合と比較すると、一見、手続の負担は大きくないようにみえる。しかし、技能実習制度の場合は監理団体（外国人の技能実習の適正な実施及び技能実習生の保護に関する法律（以下、「技能実習法」という）2条10号に同じ）が、特定技能制度の場合は登録支援機関（入管法19条の27に同じ）が手続の指導や外国人の支援を行ってくれるが、高度人材の場合自社で対応する事項が多いため、自社での負担をみた場合決して負担が軽いとはいえず、社内で外国人材を受け入れることについて、一定の体制整備を行う必要がある。

高度人材の受け入れ手続の流れは〔図表9〕のとおりである。

また、手続の詳細を①海外にいる外国人材を採用する場合、および、②すでに日本にいる外国人材を採用する場合の2パターンに分けると〔図表10〕〔図表11〕のとおりとなる。

〔図表９〕高度人材の受け入れ手続の流れ

社内での受け入れ体制の整備

↓

採用の意思決定

↓

募集

↓

内定者の決定

↓

労働条件の明示・雇用契約の締結

↓

在留資格のための手続

↓

入社後の手続

〔図表10〕海外にいる外国人材を採用する手続

チェック	主体	手続	内容	場所	根拠法	期限
□	受入企業 外国人材	労働条件通知兼 雇用契約	労働条件の明示及び雇用契約の締結を行います。		労基法15条 労基法施行規則５条 法の通則法12条、７条	
□	受入企業	在留資格認定証明書交付申請	管轄の地方出入国在留管理局に、在留資格認定証明書交付申請書及び立証資料を提出し、証明書の交付申請を行います。	受入企業の所在地を管轄する、地方出入国在留管理局又は出張所	入管法７条の２	
□	外国人材	査証の取得	在外公館において、外国人材が日本に入国するための査証（ビザ）を取得します。	在外公館	入管法７条１項１号	
上陸						
□	外国人材	在留カードの受領	［成田空港、羽田空港、中部空港、関西空港、新千歳空港、広島空港、福岡空港から入国する場合］	各空港	入管法19条の６	

			→上陸許可を受けた空港で交付されます。 ［それ以外の空港・港の場合］ →住所と住居地を届け出た後に郵送されます。			
□	外国人材	転入届	転入した市町村長に転入届を提出します。	市役所等の市町村の窓口	住基法 30 条の 46、同法 22 条	転入した日から 14 日以内
□	外国人材	住居地届	住居地の市町村を通じて出入国在留管理庁長官に対し、住居地を届ける。 ※転入届を行った場合は、転入届により住居地届を行ったものとみなされます（入管法 19 条の７第３項）	市役所等の市町村の窓口	入管法 19 条の７	住居地を定めてから 14 日以内
□	受入企業	雇用状況届出	在留カード（特定技能および特定活動の場合は指定書も）の記載事項を確認し、氏名、在留資格、在留期間等を厚生労働大臣に届け出ます。 雇用保険の被保険者は、雇用保険法施行規則第６条第１項の届出と併せて行い、被保険者ではない場合は、外国人雇用状況届出書（様式第三号）によって行います。 在留カードを確認する場合は、同時に、「在留カード等番号失効情報照会」による確認も行ってください。 URL：https://lapse-immi.moj.go.jp/ZEC/appl/e0/ZEC2/pages/FZECST011.aspx	管轄のハローワーク	労働施策総合推進法 28 条 労働施策総合推進法施行規則 10 条から 12 条	雇用保険の被保険者の場合、雇い入れた日が属する月の翌月 10 日まで、被保険者でない場合には、雇い入れた日が属する月の翌月末日まで（労働施策総合推進法施行規則 12 条）。

□	受入企業	所属機関による届出	氏名、生年月日、性別、国籍・地域、住居地および在留カードの番号等を出入国在留管理庁長官に届け出ます。 ※労働施策総合推進法28条の届出を行った場合は、不要です。	地方出入国在留管理局 郵送（東京出入国在留管理局に対する信書便）	入管法19条の17	受け入れ状況に至った日から14日以内（入管法施行規則19条の16第2項）。
□	受入企業	ローマ字氏名届	厚生年金保険の被保険者となる場合には、資格取得届に、ローマ字氏名届（様式第七号の二）を添える必要があります。 ※厚生労働大臣が住民基本台帳法30条の9の規定により機構保存本人確認情報の提供を受けることができる者を除きます。	所管する年金事務所	厚生年金保険法27条 厚生年金保険法施行規則15条	資格取得の事実のあった日から5日以内（厚生年金保険法施行規則15条1項）

〔図表11〕すでに日本にいる外国人材を採用する手続

チェック	主体	手続	内容	場所	根拠法	期限
□	受入企業 外国人材	労働条件通知兼 雇用契約	労働条件の明示及び雇用契約の締結を行います。		労基法15条 労基法施行規則５条	
□	受入企業	在留資格変更許可申請	管轄の地方出入国在留管理局に、在留資格変更許可申請書及び立証資料を提出し、在留資格の変更の許可申請を行います。	外国人材の所在地を管轄する、地方出入国在留管理局または出張所	入管法20条	
□	外国人材	在留カードの受領	郵送か管轄する地方出入国在留管理局で在留カードの交付を受けます。	管轄する地方出入国在留管理局または出張所	入管法20条４項	
□	外国人材	転出届	[就職に際し引っ越し（市町村外の場合）を行う場合] 市町村長に転出届を提出します。 ※転出の定義：市町村の区域外へ住所を移すことをいう（住基法15条の3）	市役所等の市町村の窓口	住基法24条	
□	外国人材	転入届・転居届	[就職に際し引っ越しを行う場合] 転入・転居した市町村長に転入届を提出します。 ※在留カードを持参します。	市役所等の市町村の窓口	住基法22条、23条	転入・転居した日から14日以内
□	外国人材	住居地届	住居地の市町村を通じて出入国在留管理庁長官に対し、住居地を届ける。 ※転入・転居届を行った場合は、転入・転居届により住居地届を行ったものとみなされます（入管法19条の9第３項）	市役所等の市町村の窓口	入管法19条の９	住居地を定めてから14日以内

□	受入企業	雇用状況届出	在留カード（特定技能および特定活動の場合は指定書も）の記載事項を確認し、氏名、在留資格、在留期間等を厚生労働大臣に届け出ます。 雇用保険の被保険者は、雇用保険法施行規則6条1項の届出と併せて行い、被保険者ではない場合は、外国人雇用状況届出書(様式第三号)によって行います。 在留カードを確認する場合は、同時に、「在留カード等番号失効情報照会」による確認も行ってください。 URL：https://lapse-immi.moj.go.jp/ZEC/appl/e0/ZEC2/pages/FZECST011.aspx	管轄のハローワーク	労働施策総合推進法28条 労働施策総合推進法施行規則10条から12条	雇用保険の被保険者の場合、雇い入れた日が属する月の翌月10日まで、被保険者でない場合には、雇い入れた日が属する月の翌月末日まで（労働施策総合推進法施行規則12条）。
□	受入企業	所属機関による届出	氏名、生年月日、性別、国籍・地域、住居地および在留カードの番号等を出入国在留管理庁長官に届け出ます。 ※労働施策総合推進法28条の届出を行った場合は、不要です。	地方出入国在留管理局 郵送（東京出入国在留管理局に対する信書便）	入管法19条の17	受け入れ状況に至った日から14日以内（入管法施行規則19条の16第2項）。
□	受入企業	ローマ字氏名届	厚生年金保険の被保険者となる場合には、資格取得届に、ローマ字氏名届（様式第七号の二）を添える必要があります。 ※厚生労働大臣が住民基本台帳法30条の9の規定により機構保存本人確認情報の提供を受けることができる者を除きます。	所管する年金事務所	厚生年金保険法27条 厚生年金保険法施行規則15条	資格取得の事実のあった日から5日以内（厚生年金保険法施行規則15条1項）

2. 社内での受け入れ体制の整備

高度人材を受け入れるに際し、まず行うべきことは社内の受け入れ体制の整備だといえる。

(1) 高度人材の受け入れ制度について基礎的な理解の共有

社内研修等を通じて、高度人材の受け入れに際し必要な出入国関係法令および労働関係法令の基礎的な理解を社内で共有することが望ましい。

こういった基礎的な理解がない場合、知らず知らずに外国人材に「不法就労活動」（入管法24条3の4号）をさせてしまい、法人および社員が刑罰に処せられる可能性がある。たとえば、有名中華料理チェーン店のフランチャイズ加盟店が、通訳の在留資格で入国した中国籍の外国人材１名に、在留資格上行えない業務である調理をさせたという事実でFC加盟店の代表が逮捕されている等（産経WEST（Web版）2014年９月26日）、実際に逮捕等に至っている事例もある。意図的ではないにせよ、たとえば何の手当てもせずに入社後のOJT研修の際に在留資格上認められていない産業・サービスの現場で長期に就労させることや、入社前の研修の際に「留学」の在留資格で働くことができる時間を超えて有償で研修に参加させる等、知らず知らずに「不法就労活動」をさせてしまい、会社側が不法就労助長罪に該当してしまうケースもみられる。

そのため、高度人材の採用を行う場合、先立って基礎的な制度の理解を社内で共有することが望ましいといえる。

(2) 就業規則や労働条件通知書等の見直し

労働関係法令は、原則として国籍にかかわらず同様に適用される。しかし「同様に適用される」から現状のままで受け入れられるかといえばそうではない。

たとえば「会社で働くために必要な在留資格がなくなった場合」を想定して就業規則や労働条件通知書の内容を見直すことになる。この場合就業規則であれば「自然退職事由」として在留資格の喪失を規定する方法や「解雇事由」として規定する方法が考えられる。また、労働条件通知書については雇用契約の始期と終期について、在留資格の決定を受けたときから発効し、在留資格を喪失した場合に雇用契約が終了する、といった定めをおくことも考えられる。その際に就業規則で定める基準に達しない労働条件であり無効とならないように（労働契約法 12 条)、就業規則の内容の検討も必要であり、また、就業規則の変更が不利益変更に該当する場合は、変更自体の有効性も検討しなければならない（同法 9 条、10 条)。

このようなテクニカルな論点のほかにも、法務と多様性のある組織づくりの重なり合う分野として、日本語を介さない外国人材に就業規則等の周知（労働基準法 106 条）をどのように行うかといった課題もある。

多文化共生に理解のある語学教員等と協同して、社内で使用する言語をどのように多言語化・やさしい日本語化するか等の検討を行うことが望ましい。

3. 採用の意思決定・募集・内定者の決定

(1)　採用の意思決定

外国人材のうち、特に高度人材を採用する方針を決めるに際し、高度人材の採用が自社の将来像や課題の解決に合致しているかを確認する必要がある。特に外国人材は在留資格によって行える業務が限られる場合が多い。そのため、自社の将来像や課題を整理し、どういった外国人材を採用すれば自社のニーズと合うのかを検討・整理したうえで採用の意思決定を行う必要がある。この過程を省略すると、外国人材が入社した後に、本来行ってほしいと考えていた業務が実はできなかったといった事態が生じる。

〔図表 12〕は、企業の人材ニーズとそれに対応する在留資格をまとめたものである。

外国人材を受け入れようとする場合、このような在留資格の位置づけを把

〔図表 12〕在留資格と想定外国人材

ニーズ	在留資格
ニーズ１（総合職）	高度専門職 技術・人文知識・国際業務 特定活動（本邦大学卒業者）
ニーズ２（専門職（プログラマー、国際担当等））	高度専門職 技術・人文知識・国際業務 特定活動（本邦大学卒業者）
ニーズ３（現場）	技能 特定技能 ※ 技能実習については記載していない。
ニーズ４（アルバイト）	留学（資格外活動の許可）

※「技能実習は、労働力の需給の調整の手段として行われてはならない」（技能実習法３条２項）ことから、表には含めていない。
※入管法別表第二に規定される在留資格は、就労活動に原則として制限がないため、いずれのニーズにも該当するため、表には含めていない。

握し、自社の人材のニーズと、それに対応する在留資格が何であるかを明確化したうえで、募集のプロセスに入ることになる。

上述の外国人材採用のプロセスをチャートにすると、〔図表 13〕のとおりとなる。

(2)　募　集

募集については自社で行う方法や職業紹介業者を介して行う方法等、日本人の採用を行う場合と同様に採用ルートを構築する必要がある。

最近では東南アジアに所在する大学に寄付や奨学金の設定を行い、現地の大学等で直接リクルート活動を行っている例もみられる。こういった取組みは、仲介者が少なく働く側にとっても就職までに経済的な負担が少なくなること等の利点もあるが、一方で、当該国でリクルート活動を行うことが当該国で適法なのかを確認して行うことが必要である点は注意が必要である。

〔図表13〕外国人材採用チャート

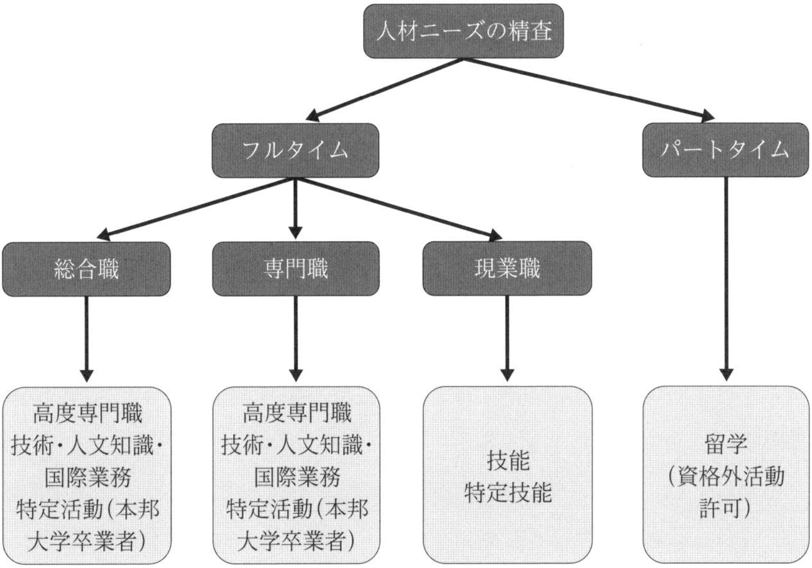

ベトナムに関する論点ではあるが、日本法人の子会社をベトナムに設立し、当該子会社がベトナムでリクルート活動を行い、採用した人材について企業単独型技能実習を行う場合、ベトナムに設立されている法人が企業単独型技能実習生を日本に送り出すにあたり、ベトナムの法律である「契約に基づくベトナム人労働者の海外派遣法」（72/2006/QH 11）8条2項に基づき、労働者海外派遣の許可を取得する必要があるか否かという論点がある。この点について外国人技能実習機構が在日ベトナム大使館に照会を行ったところ、「海外に労働者を送り出そうとする者（法人）は、労働者海外派遣免許を取得することが必要であります。企業単独型で送り出す場合も送り出しをする企業が同免許を取得いただくことが必要であります」との回答が得られた旨の資料が外国人技能実習機構のウェブサイトで公開されている（2019年10月24日付けの資料としても公表されている（https://www.otit.go.jp/files/user/191024-1.pdf）。

この対応から、ベトナムでは、日本の在ベトナムの子会社がすでに採用している人材についても「契約に基づくベトナム人労働者の海外派遣法」（72/2006/QH 11）の適用があるものと解しているものと思われる。理論的には「企業内転勤」の場合でも同様の法適用が行われる可能性がある。

(3)　内定者の決定

応募のあった外国人材の中から、内定者を決定することになる。内定者を決定する段階で注意が必要なのは、当該人材が社内で担当する業務を行い得る在留資格を取得できるかという観点でも検討が必要な点である。採用の意思決定段階で、「自社のニーズと在留資格の対応関係」についてはすでに検討したと思われる。この段階では「在留資格と採用する人材」の対応関係を検討することになる。

本書における「高度専門職」、「技術・人文知識・国際業務」、「企業内転勤」、「特定活動（本邦大学卒業者）」の説明部分では、各在留資格の要件を簡易的に表にまとめている（〔図表 13〕〔図表 16〕〔図表 17〕〔図表 18〕参照）。この表等を参考に、内定予定者が在留資格を得ることができるか検討いただきたい。

また、すでに日本にいる外国人材（特に、留学生）を採用する際に注意すべき事項がある。自社で勤務する際に「留学」から「技術・人文知識・国際業務」に在留資格を変更する場合等自社で働く前に在留していた期間がある場合、「留学」の在留資格等で行った日本での活動も含めて「在留資格の変更を適当と認めるに足りる相当の理由がある」（入管法 20 条３項）といえなければならない。

出入国在留管理庁「留学生の在留資格『技術・人文知識・国際業務』への変更許可ガイドライン（2019 年 12 月改訂版）」別紙１では、次の不許可事例が記載されている。

> 商学部を卒業した者から、貿易業務・海外業務を行っている企業との契約に基づき、海外取引業務に従事するとして申請があったが、申請人は「留学」の在留資格で在留中、１年以上継続して月200時間以上アルバイトとして稼働していたことが今次申請において明らかとなり、資格外活動許可の範囲を大きく超えて稼働していたことから、その在留状況が良好であるとは認められず、不許可となったもの。

留学の在留資格は資格外活動の許可（入管法19条２項）を得て、原則として週28時間（週のどの曜日から起算しても28時間以内となっている必要がある（審査要領））以内（在籍する教育機関が学則で定める長期休業期間にあるときは、１日８時間以内）のアルバイトが可能である（入管法施行規則19条５項１号）。

この時間制限を超過して勤務した場合、勤務した側は「不法就労活動」に該当し資格外活動罪（入管法73条）等に該当し得るし、また、働かせた側は不法就労助長罪（同法73条の２）が成立する可能性がある。

このような「留学」の在留資格中に行った法令違反によって就労するための在留資格に変更できないこともある。

そのほかにも、外国人材の受け入れ・共生に関する関係閣僚会議で2018年12月25日に決定された「外国人材の受入れ・共生のための総合的対応策」では「国民健康保険・国民年金については、保険料を一定程度滞納した者からの在留期間更新許可申請や在留資格変更許可申請を不許可とする等の対策を講ずる」（施策93）と記載されている。留学生も20歳を超えて日本に住んでいる場合には、国民年金に加入する必要がある。

学生であれば「国民年金保険料の学生納付特例制度」を使うことができ、未納にならないような対応が可能だが、留学生が手続を知らずに行っていない例もある。こういった公法上の義務違反によって在留資格の変更が受けられないといった事態も考えられる。

そのため、採用にあたっては、こういった点も含めて在留資格が得られるかを検討する必要がある。

4. 労働条件の明示・雇用契約の締結

(1) 明示事項

採用に際し労働者に対し労働条件を明示する必要がある（労働基準法15条１項)。明示を必要とする労働条件は労働基準法施行規則５条１項各号に定められている。

一　労働契約の期間に関する事項
一の二　期間の定めのある労働契約を更新する場合の基準に関する事項（注)
一の三　就業の場所及び従事すべき業務に関する事項
二　始業及び終業の時刻、所定労働時間を超える労働の有無、休憩時間、休日、休暇並びに労働者を二組以上に分けて就業させる場合における就業時転換に関する事項
三　賃金（退職手当及び第五号に規定する賃金を除く。以下この号において同じ。）の決定、計算及び支払の方法、賃金の締切り及び支払の時期並びに昇給に関する事項
四　退職に関する事項（解雇の事由を含む。)
四の二　退職手当の定めが適用される労働者の範囲、退職手当の決定、計算及び支払の方法並びに退職手当の支払の時期に関する事項
五　臨時に支払われる賃金（退職手当を除く。)、賞与及び第八条各号に掲げる賃金並びに最低賃金額に関する事項
六　労働者に負担させるべき食費、作業用品その他に関する事項
七　安全及び衛生に関する事項
八　職業訓練に関する事項
九　災害補償及び業務外の傷病扶助に関する事項
十　表彰及び制裁に関する事項
十一　休職に関する事項

（注）期間の定めのある労働契約であって当該労働契約の期間の満了後に当該労働契約を更新する場合があるものの締結の場合に限る。

(2)　明示する方法

労働基準法施行規則５条１項１号から４号までの事項については、使用者は労働者に対し原則として書面を交付して明示する必要がある（労働基準法施行規則５条３項・４項）。また、労働者からの希望がある場合は、ファクシミリ、電子メール等の方法によることも可能である（同条４項）。

電子メール等には、ウェブメール等に加えて、携帯電話端末のメッセンジャーアプリケーションやソーシャルネットワーキングサービスのメッセージ機能も含む（平成30年12月28日基発1228号15号）。このような通信手段を利用する場合、労働者に対して、労働者自身で書面に出力して保存するよう伝えるのが望ましいとされる。

また、外国人材に対して労働条件を明示する場合は、母国語や平易な日本語を用いる等、当該外国人材が理解できる方法により明示するよう努めることとされる（外国人雇用管理指針第４）。

なお、厚生労働省のウェブサイトには「外国人労働者向けモデル労働条件通知書」として英語、中国語、韓国語、ポルトガル語、スペイン語、タガログ語、インドネシア語、およびベトナム語の書式が公開されている（厚生労働省ウェブサイト「労働基準法関係」（https://www.mhlw.go.jp/new-info/kobetu/roudou/gyousei/leaflet_kijun.html））。こういった書式例を参考に、母語を併記して労働条件を明示すれば、双方に誤解が生じにくくなる。

5.　在留資格のための手続

続いて、働くのに必要な在留資格を得るための手続を行う。

現在海外にいる外国人材を採用する場合は、自社を管轄する地方出入国在留管理局または出張所に在留資格認定証明書交付申請書を提出して手続を行い（入管法７条の２）、すでに日本にいる外国人材を採用する場合は、外国人材の住所地を管轄する地方出入国在留管理局または出張所に在留資格変更許可申請を提出して行う（審査要領）。

〔図表 14〕働くのに必要な在留資格を得るための手続

	海外にいる外国人材を採用する場合	日本にいる外国人材を採用する場合
提出書類	・在留資格認定証明書交付申請書 ・添付書類	・在留資格変更許可申請書 ・添付書類 （すでに働くことができる在留資格を有している場合は不要）
提出場所	居住予定地、受け入れ機関の所在地を管轄する地方出入国在留管理官署	外国人の住居地を管轄する地方出入国在留管理官署

(1)　在留資格の選択

在留資格認定証明書交付申請手続においても、在留資格変更手続においても、どちらも入管法が定めた在留資格としての活動に該当しており、また、上陸許可基準令等の細かい要件が定められている場合には、その要件も満たす必要がある。

以下では、①「高度専門職」、②「技術・人文知識・国際業務」、③「企業内転勤」、および、④「特定活動」の在留資格について在留資格の要件と特徴を簡単にまとめる。

(2)　「高度専門職」

「高度専門職」の在留資格は、いわゆる高度人材ポイント制によって在留資格が許可されるかが判断される在留資格である。高度人材ポイント制は、さまざまな項目にポイントが配点されており、ポイントを計算した結果、基準点以上（70 点以上）を満たす高度な外国人材のための在留資格である。

(ア)　在留資格の要件

(A)　在留資格の要件の概要

「高度専門職１号」および「高度専門職２号」の在留資格の要件をまとめると、〔図表 15〕のとおりとなる。

〔図表15〕「高度専門職1号」「高度専門職2号」の在留資格の要件

高度専門職1号イ・ロ・ハ	
[入管法によるもの]	
◆日本で行う活動が在留資格で定められた活動に該当すること	□
[上陸許可基準令によるもの]	
◆高度専門職省令が定めた要件に適合すること 1．ポイント制で70ポイント以上あること 2．報酬が年額300万円以上であること（ロ・ハのみ）	□
◆「教授」、「芸術」、「宗教」、「報道」、「経営・管理」、「法律・会計業務」、「医療」、「研究」、「教育」、「技術・人文知識・国際業務」、「企業内転勤」、「介護」、「興行」、「技能」の各在留資格の要件を満たすこと	□
◆本邦において行おうとする活動がわが国の産業および国民生活に与える影響等の観点から相当でないと認める場合でないこと	□
高度専門職2号	
[入管法によるもの]	
◆日本で行う活動が在留資格で定められた活動に該当すること	□
[変更基準省令によるもの]	
◆高度専門職省令が定めた要件に適合すること 1．高度専門職1号（イ・ロ・ハ）のいずれかの要件を満たすこと 2．高度専門職1号（イ・ロ・ハ）のいずれかの在留資格を受けて日本で3年以上在留していたこと 3．素行が善良であること 4．当該外国人の在留が日本国の利益に合うこと	□
◆本邦において行おうとする活動がわが国の産業及び国民生活に与える影響等の観点から相当でないと認める場合でないこと	□

(B)　行う活動内容

「高度専門職」の在留資格には「高度専門職１号イ」、「高度専門職１号ロ」、「高度専門職１号ハ」および「高度専門職２号」があり、それぞれが別の在留資格である（入管法２条の２)。

在留資格の活動を簡単にまとめたのが〔図表 16〕である。

(C)　ポイント制

高度専門職の在留資格については、他の在留資格と異なるユニークな制度がとられている（高度専門職にも上陸許可基準が規定されており、それに加えて入管法別表第一の二の表の高度専門職の項の下欄の基準を定める省令（「高度専門職省令」）が規定されており、その中でポイント制が規定されている)。すなわち、学歴、職歴、年収、年齢、日本語能力等、さまざまな項目にポイントが配点されており、合計のポイントが 70 点以上である場合に、在留資格が付与されるしくみとなっている。

〔図表 16〕在留資格の活動

在留資格	活動内容
高度専門職１号イ	「高度学術研究活動」とよばれ、主として大学等の機関と契約し、研究教育等を行いながら、関連する事業の経営等を行うことができる在留資格である。
高度専門職１号ロ	「高度専門・技術活動」とよばれ、主として日本の企業と契約し、企業で総合職や研究職に就きながら、関連する事業の経営等を行うことができる在留資格である。
高度専門職１号ハ	「高度経営・管理活動」とよばれ、主として日本の企業の経営の管理を行いながら、関連する事業の経営等を行うことができる在留資格である。
高度専門職２号	高度専門職１号で行える活動に加えて、他の一定の在留資格で行うことができる業務も包括的に行うことができる在留資格である。

ポイント制の詳細な配点は、〔図表 17〕のとおりである。このポイント表で 70 点以上となり、高度専門職 1 号ロ（高度専門・技術活動）および高度専門職 1 号ハ（高度経営・管理活動）については年収が 300 万円以上であれば（法務省入国管理局「高度人材ポイント制 Q & A」4 ～ 5 頁）、高度専門職 1 号の在留資格が許可される。

出身大学によってボーナスポイントが加点される（加点対象の大学は法務省入国管理局（2020 年 1 月 4 日時点の表記）のウェブサイトに一覧が掲載されている。「ポイント評価の仕組みは？」（http://www.immi-moj.go.jp/newimmiact_3/evaluate/index.html））。日本でも 100 以上の大学が加点対象となっているため、日本に留学経験のある外国人材を採用する際は、「高度専門職」への該当可能性を検討するべきである。

（イ）　在留資格の特徴

「高度専門職」は、他の在留資格と比較して、さまざまな点が優遇されている。

（A）「高度専門職 1 号」の優遇

（ｉ）　複合的な在留活動の許容

高度専門職 1 号では、複数分野の在留活動が許容されている。すなわち、「高度専門職 1 号」では、活動内容として「又は当該活動と併せて」主たる活動とは別の活動についても行うことが認められている。

（ⅱ）　在留期間「5 年」の付与

高度専門職 1 号では、在留期間が入管法で定められている中で最長の在留期間である「5 年」を一律に付与される。また、この在留期間は更新可能である。

（ⅲ）　在留歴に係る永住許可要件の緩和

永住許可の手続（入管法 22 条）を行う場合、原則として 10 年の在留が必要となる（永住許可に関するガイドライン）。しかし、「高度専門職 1 号」で在留している者は、特例として 3 年以上在留している場合、永住者に在留資

〔図表 17〕高度人材ポイント制におけるポイント表

《ポイント計算表》

	高度学術研究分野		高度専門・技術分野		高度経営・管理分野	
学歴	博士号（専門職に係る学位を除く。）取得者	30	博士号（専門職に係る学位を除く。）取得者	30	博士号又は修士号取得者（注7）	20
	修士号（専門職に係る博士を含む。）取得者	20	修士号（専門職に係る博士を含む。）取得者（注7）	20		
	大学を卒業し又はこれと同等以上の教育を受けた者（博士号又は修士号取得者を除く。）	10	大学を卒業し又はこれと同等以上の教育を受けた者（博士号又は修士号取得者を除く。）	10	大学を卒業し又はこれと同等以上の教育を受けた者（博士号又は修士号取得者を除く。）	10
	複数の分野において，博士号，修士号又は専門職学位を有している者	5	複数の分野において，博士号，修士号又は専門職学位を有している者	5	複数の分野において，博士号，修士号又は専門職学位を有している者	5
職歴（実務経験）（注1）			10年～	20	10年～	25
	7年～	15	7年～	15	7年～	20
	5年～	10	5年～	10	5年～	15
	3年～	5	3年～	5	3年～	10
年収（注2）	年齢区分に応じ，ポイントが付与される年収の下限を異なるものとする。詳細は②参照	40～10	年齢区分に応じ，ポイントが付与される年収の下限を異なるものとする。詳細は②参照	40～10	3000万円～	50
					2500万円～	40
					2000万円～	30
					1500万円～	20
					1000万円～	10
年齢	～29歳	15	～29歳	15		
	～34歳	10	～34歳	10		
	～39歳	5	～39歳	5		
ボーナス①〔研究実績〕	詳細は③参照	25～20	詳細は③参照	15		
ボーナス②〔地位〕					代表取締役，代表執行役	10
					取締役，執行役	5
ボーナス③			職務に関連する日本の国家資格の保有（1つ5点）	10		
ボーナス④	イノベーションを促進するための支援措置（法務大臣が告示で定めるもの）を受けている機関における就労（注3）	10	イノベーションを促進するための支援措置（法務大臣が告示で定めるもの）を受けている機関における就労（注3）	10	イノベーションを促進するための支援措置（法務大臣が告示で定めるもの）を受けている機関における就労（注3）	10
ボーナス⑤	試験研究費等比率が3%超の中小企業における就労	5	試験研究費等比率が3%超の中小企業における就労	5	試験研究費等比率が3%超の中小企業における就労	5
ボーナス⑥	職務に関連する外国の資格等	5	職務に関連する外国の資格等	5	職務に関連する外国の資格等	5
ボーナス⑦	本邦の高等教育機関において学位を取得	10	本邦の高等教育機関において学位を取得	10	本邦の高等教育機関において学位を取得	10
ボーナス⑧	日本語能力試験N1取得者（注4）又は外国の大学において日本語を専攻して卒業した者	15	日本語能力試験N1取得者（注4）又は外国の大学において日本語を専攻して卒業した者	15	日本語能力試験N1取得者（注4）又は外国の大学において日本語を専攻して卒業した者	15
ボーナス⑨	日本語能力試験N2取得者（注5）（ボーナス⑦又は⑧のポイントを獲得した者を除く。）	10	日本語能力試験N2取得者（注5）（ボーナス⑦又は⑧のポイントを獲得した者を除く。）	10	日本語能力試験N2取得者（注5）（ボーナス⑦又は⑧のポイントを獲得した者を除く。）	10
ボーナス⑩	成長分野における先端的事業に従事する者（法務大臣が認める事業に限る。）	10	成長分野における先端的事業に従事する者（法務大臣が認める事業に限る。）	10	成長分野における先端的事業に従事する者（法務大臣が認める事業に限る。）	10
ボーナス⑪	法務大臣が告示で定める大学を卒業した者	10	法務大臣が告示で定める大学を卒業した者	10	法務大臣が告示で定める大学を卒業した者	10
ボーナス⑫	法務大臣が告示で定める研修を修了した者（注6）	5	法務大臣が告示で定める研修を修了した者（注6）	5	法務大臣が告示で定める研修を修了した者（注6）	5
ボーナス⑬					経営する事業に1億円以上の投資を行っている者	5
	合格点	70	合格点	70	合格点	70

①最低年収基準
高度専門・技術分野及び高度経営・管理分野においては，年収300万円以上であることが必要

②年収配点表				
	～29歳	～34歳	～39歳	40歳～
1000万円	40	40	40	40
900万円	35	35	35	35
800万円	30	30	30	30
700万円	25	25	25	－
600万円	20	20	20	－
500万円	15	15	－	－
400万円	10	－	－	－

③研究実績		高度学術研究分野	高度専門・技術分野
研究実績※	特許の発明　1件～	20	15
	入国前に公的機関からグラントを受けた研究に従事した実績 3件～	20	15
	研究論文の実績については，我が国の国の機関において利用されている学術論文データベースに登録されている学術雑誌に掲載されている論文（申請人が責任著者であるものに限る。） 3本～	20	15
	上記の項目以外で，上記項目におけるものと同等の研究実績があると申請人がアピールする場合（著名な賞の受賞歴等），関係行政機関の長の意見を聴いた上で法務大臣が個別にポイントの付与の適否を判断	20	15

※高度学術研究分野については，2つ以上に該当する場合には25点

（注1）従事しようとする業務に係る実務経験に限る。
（注2）※1　主たる受入機関から受ける報酬の年額
※2　海外の機関からの転勤の場合には，当該機関から受ける報酬の年額を算入
※3　賞与（ボーナス）も年収に含まれる。
（注3）就労する機関が中小企業である場合には，別途10点の加点
（注4）同等以上の能力を試験（例えば，BJTビジネス日本語能力テストにおける480点以上の得点）により認められている者も含む。
（注5）同等以上の能力を試験（例えば，BJTビジネス日本語能力テストにおける400点以上の得点）により認められている者も含む。
（注6）本邦の高等教育機関における研修については，ボーナス⑦のポイントを獲得した者を除く。
（注7）経営管理に関する専門職学位（MBA，MOT）を有している場合には，別途5点の加点

格を変更できる可能性がある。

（iv）　配偶者の就労

高度専門職１号の配偶者は、他の在留資格の配偶者の場合と異なり、学歴要件を満たさずに「技術・人文知識・国際業務」等に該当する活動が可能となる（特定活動告示33号・別表第五）。

（ｖ）　一定の条件の下での親の帯同の許容

他の就労を目的とする在留資格で在留する外国人の親の受け入れは認められていないが、高度専門職１号の場合、①高度外国人材またはその配偶者の７歳未満の子（養子を含む）を養育する場合、②高度外国人材の妊娠中の配偶者または妊娠中の高度外国人材本人の介助等を行う場合には、一定の要件の下、親の帯同が許可される（特定活動告示34号）。

（vi）　一定の条件の下での家事使用人の帯同の許容

家事使用人の雇用は「経営・管理」、「法律・会計業務」等一定の在留資格に基づき在留する者にのみ認められているが、高度専門職１号でも、一定の要件の下、外国人の家事使用人を帯同することが可能である（特定活動告示２号の２）。

（vii）　入国・在留手続の優先処理

高度専門職１号については、入国・在留手続において、入国事前審査に係る申請については申請受理から10日以内をめどに、在留審査に係る申請については申請受理から５日以内をめどに処理するという優先処理が行われている。

(B)　「高度専門職２号」の優遇

「高度専門職１号」の優遇措置である上記（A）（iii）～（vi）に加えて、さらに次の事項で優遇される。

（ｉ）　広範な在留活動

「高度専門職２号」の在留資格は、在留資格該当性の部分で記載したとおり、「高度専門職１号イ・ロ・ハ」で行う活動とあわせて、就労に関する在留資格で認められるほぼすべての活動を行うことが可能である（入管法別表第一の二）。

（ⅱ）　在留期間の無期限

「高度専門職２号」では、在留期間は無期限となる（入管法２条の２第３項、入管法施行規則３条、別表第二）。そのため、「高度専門職２号」の資格で在留する場合、在留期間の更新を受ける必要がなくなる。

（ウ）　在留期間と更新

「高度専門職１号」の在留期間は５年であり、「高度専門職２号」の在留期間は、無期限である（入管法２条の２第３項、入管法施行規則３条、別表第二）。

また、「高度専門職１号」は在留期間の更新が可能であり（入管法21条２項、入管法施行規則21条、別表第三の五）、「高度専門職２号」では、在留期間の更新は不要である。

(3)　技術・人文知識・国際業務

「技術・人文知識・国際業務」は、専門的・技術的分野の在留資格に区分される在留資格の中では、最も利用されている在留資格である。

実務上は、日本または外国の大学学部課程を卒業した外国人材について申請する例が多く、大学を卒業したばかりのいわゆる新卒者であっても許可される可能性がある。

（ア）　在留資格の要件

（A）　在留資格の要件の概要

「技術・人文知識・国際業務」の在留資格の要件をまとめると、〔図表18〕のとおりとなる。

（B）「技術・人文知識・国際業務」の活動内容

「技術・人文知識・国際業務」における活動内容は、①自然科学の分野に属する技術もしくは知識を要する業務を行う「技術」、②人文科学の分野に属する技術もしくは知識を要する業務を行う「人文知識」および③外国の文

〔図表 18〕「技術・人文知識・国際業務」の在留資格の要件

技術・人文知識類型	
[入管法によるもの]	
◆日本で行う活動が在留資格で定められた活動に該当すること	□
[上陸許可基準令によるもの]	
◆学歴経験要件（いずれか） 1．日本で行う業務と関連する科目を専攻して大学を卒業するか、それと同等の教育を受けること 2．日本で行う業務と関連する科目を専攻して本邦の専修学校の専門課程を修了すること 3．日本で行う業務について 10 年以上の実務経験があること	□
◆日本人が従事する場合に受ける報酬と同等額以上の報酬を受けること（注）	□
国際業務類型	
[入管法によるもの]	
◆日本で行う活動が在留資格で定められた活動に該当すること	□
[上陸許可基準令によるもの]	
◆翻訳、通訳、語学の指導、広報、宣伝または海外取引業務、服飾もしくは室内装飾に係るデザイン、商品開発その他これらに類似する業務に従事すること	□
◆従事しようとする業務に関連する業務について 3 年以上の実務経験を有すること（大卒者が翻訳、通訳または語学の指導の業務を行う場合は不要）	□
◆日本人が従事する場合に受ける報酬と同等額以上の報酬を受けること	□

（注）実務上は、東京圏では 17 万円程度を下回ると許可の可能性が低くなると指摘されている（山脇康嗣『詳説入管法の実務〔新版〕』（新日本法規出版、2017 年）279 頁）。

化に基盤を有する思考もしくは感受性を必要とする業務を行う「国際業務」に区分される。

「技術・人文知識・国際業務」は一つの在留資格であって「国際業務」類型で在留資格を受けた者が「人文知識」類型の業務を行ったとしても不法就労活動には該当しない（山脇康嗣『詳説入管法の実務〔新版〕』（新日本法規出版、2017年）250頁）。もっとも、学歴経験要件を満たさない活動を行っていた場合、次回の在留資格の在留期間更新の際に在留期間が更新されない可能性があるので注意を要する。

（イ）　在留資格の特徴

（A）　在留資格該当性と活動内容の専門性

「技術・人文知識・国際業務」は、在留資格で規定されている活動内容からわかるとおり、単純作業を行うことを主たる目的に「技術・人文知識・国際業務」の在留資格の許可を受けることはできないことになる。もっとも、実際の仕事における業務の専門性は判断が難しいことが少なくない。

では、どういった活動であれば「技術・人文知識・国際業務」の在留資格で定められた活動といえるのか。たとえば、機械を設計しあるいはその組立てを指揮する活動や橋梁を設計しあるいはその建設工事を指揮監督する活動は「技術」の在留資格に該当するが、単に機械の組立て作業に従事する場合や単なる土木作業に従事する活動は該当しないとする見解がある（坂中英徳＝齋藤利男『出入国管理及び難民認定法逐条解説〔改訂第四版〕』110頁）。

実務上は、法務省入国管理局（現出入国在留管理庁）「留学生の在留資格『技術・人文知識・国際業務』への変更許可のガイドライン」（平成30年12月改定）や法務省入国管理局（現出入国在留管理庁）「ホテル・旅館等において外国人が就労する場合の在留資格の明確化について」（平成27年12月）に掲載されている許可事例や不許可事例を参考に、個別に在留資格該当性を判断して申請に備えることになる。その際、在留資格該当性に不安がある場合は、立証資料の中で補足する対応を行うべきである。

(B)　研修のための現場での執務の可否

「技術・人文知識・国際業務」の在留資格は、上述のとおりいわゆる単純作業を行うことを主たる目的に在留することはできない。では、少しでも単純作業を行うことが想定される場合在留資格が許可されないかというと、そうではない。在留資格該当性は在留期間中の活動を全体としてとらえて判断される（前掲「留学生の在留資格『技術・人文知識・国際業務』への変更許可のガイドライン」等）。

たとえば、入社時の研修のため、単純作業を行う点について「それが入社当初に行われる研修の一環であって、今後『技術・人文知識・国際業務』に該当する業務を行う上で必ず必要となるものであり、日本人についても入社当初は同様の研修に従事するといった場合には、『留学』から『技術・人文知識・国際業務』への在留資格変更許可申請等の際に、あらかじめ具体的な研修計画等を提出することにより、認められる場合があります」（前掲「留学生の在留資格『技術・人文知識・国際業務』への変更許可のガイドライン」）とされており、一定の要件の下では許容されるといえる。

もっとも、研修であれば無制限に許可されるというわけではない。あくまで在留資格該当性は、在留期間中の活動を全体としてとらえて判断されるのであり、研修の期間は限定されていると解するべきである（法務省入国管理局「就労資格の在留諸申請に関連してお問い合わせの多い事項について（Q & A)」（平成29年９月）Q26参照）。

また、研修という側面からすると、ジョブローテーションにより広い業務を経験させるという意味で研修が行われることもある。「技術・人文知識・国際業務」は、平成26年の入管法改正で「技術」と「人文知識・国際業務」が統合され、在留資格として一つになった。そのため、「技術」の分野で活動を行うことを予定して「技術・人文知識・国際業務」の在留資格の許可を受けた者が、その後、配置転換等で「人文知識」や「国際業務」に該当する活動を行うようになった場合も、資格外活動罪や在留資格取消しの対象にならない（山脇康嗣『詳説入管法の実務〔新版〕』250 頁）。もっとも、在留資格更新許可申請時には、上陸許可基準該当性が求められるところ、学習内容と就業内容の関連性がない活動を在留期間中の主たる活動として行った場合、在留期間の更新が許可されない可能性があるので、注意が必要である。

（ウ）　在留期間と更新

「技術・人文知識・国際業務」の在留期間は「五年、三年、一年又は三月」であり（入管法施行規則別表第二）、更新可能である（同規則別表第三の五参照）。

(4)　企業内転勤

「企業内転勤」の在留資格は、企業活動の国際展開に対応し、人事異動により外国の事業所から日本の事業所へ異動する専門技術者等を受け入れるために設けられた在留資格である（坂中英徳＝齋藤利男『出入国管理及び難民認定法逐条解説〔改訂第四版〕』（日本加除出版、2012 年）115 頁）。

（ア）　在留資格の要件

（A）　在留資格の要件の概要

「企業内転勤」の在留資格の要件をまとめると、〔図表 19〕のとおりとなる。

（B）在留活動の内容

「企業内転勤」は「技術・人文知識・国際業務」の活動内容と同じ活動内

〔図表 19〕「企業内転勤」の在留資格の要件

企業内転勤	
[入管法によるもの] ◆日本で行う活動が在留資格で定められた活動に該当すること	□
[上陸許可基準令によるもの] ◆外国にある本店、支店その他の事業所において「技術・人文知識・国際業務」の業務を行っていること	□
◆継続して１年以上勤務していること	□
◆日本人が従事する場合に受ける報酬と同等額以上の報酬を受けること	□

容となる。そのため「企業内転勤」で行う活動も「自然科学の分野若しくは……人文科学の分野に属する技術若しくは知識を要する業務又は外国の文化に基盤を有する思考若しくは感受性を必要とする業務」に従事する活動となり、いわゆる単純作業を行うことを主たる目的に在留することはできない。

自社の在外子会社等の従業員について、産業・サービスの現場を担う人材について技能等を身に付けてもらうために日本に呼び寄せる場合は企業単独型技能実習を活用することになる。

（イ）　在留資格の特徴

「企業内転勤」における「転勤」の範囲は、同一法人における外国の事業所から日本の事業所への異動だけではなく、親会社、子会社および関連会社間の相互の異動も含まれる（坂中＝齋藤・前掲書116頁）。そして、親会社、子会社および関連会社は、それぞれ財務諸表等の用語、様式および作成方法に関する規則8条3項・5項の定義による。

「転勤」に該当するのは、①本店と支店間の異動、②親会社と子会社間の異動、③子会社等の間の異動および④関連会社への異動があげられる。

（ウ）　在留期間と更新

「企業内転勤」の在留期間は「五年、三年、一年又は三月」であり（入管法施行規則別表第二）、更新可能である（同規則別表第三の五参照）。

(5)　特定活動

特定活動の在留資格は、特定活動を除く28類型ある在留資格のいずれの在留資格にも該当しない活動を行う外国人の上陸・在留を認める必要が生じた場合に、柔軟に対応できるようにするために設けられた在留資格である（坂中英徳＝齋藤利男『出入国管理及び難民認定法逐条解説〔改訂第四版〕』144頁）。

「特定活動」には、あらかじめ法務大臣が告示によって定めた類型（以下、「告示特定活動」という）と告示に該当しない類型（以下、「非告示特定活動」という）が存在する（各略語は、山脇康嗣『詳説入管法の実務〔新版〕』536頁による）。

そして、入管法は「特定活動」について、通常の上陸許可の対象を、告示特定活動に限っている（同法７条１項２号）。このあらかじめ法務大臣が定めた告示として特定活動告示および高度人材告示が存在する（高度人材告示は「高度専門職」の在留資格が創設される以前は意義があったが、現在では、重要ではない）。

特定活動については、2019年５月に、新しい類型の告示活動が設けられた（「特定活動」（本邦大学卒業者））。この新しい類型の在留資格は、日本に留学経験のある外国人材向けの在留資格であり、かつ、活動範囲がこれまでより広範であるため、今後広く活用されることが予想される。

（ア）　在留資格の要件

（A）　在留資格の要件の概要

「特定活動」（本邦大学卒業者）の在留資格の要件をまとめると、〔図表20〕

〔図表20〕「特定活動」（本邦大学卒業者）の在留資格の要件

特定活動（本邦大学卒業者）	
[入管法によるもの] ◆日本で行う活動が、法務大臣が特に指定する活動に該当すること	□
[特定活動告示によるもの] ◆日本の会社等の常勤の職員として行う当該機関の業務に従事する活動を行うこと	□
◆本邦の大学（短期大学を除く。以下同じ）を卒業しまたは大学院の課程を修了して学位を授与されたこと	□
◆一定の日本語能力を有すること（以下のいずれか） １．日本語能力試験（JLPT）のN1に合格していること ２．BJTビジネス日本語能力テスト480点以上の成績を有すること ３．大学・大学院で日本語を専攻したこと	□
◆本邦の大学または大学院において修得した広い知識および応用的能力等を活用するものと認められること	□

のとおりとなる。

(B)　在留資格の活動内容

活動に規定される「日本語を用いた円滑な意思疎通を要する業務」とは、「単に雇用主等からの作業指示を理解し、自らの作業を行うだけの受動的な業務では足りず、いわゆる『翻訳・通訳』の要素のある業務や、自ら第三者へ働きかける際に必要となる日本語能力が求められ、他者との双方向のコミュニケーションを要する業務であることを意味」する（出入国在留管理庁「留学生の就職支援に係る『特定活動』（本邦大学卒業者）についてのガイドライン」（令和元年５月））。

また、活動については「本邦の大学又は大学院において修得した広い知識及び応用的能力等を活用するものと認められること」が必要である。かかる活動の水準は、「『技術・人文知識・国際業務』の在留資格の対象となる学術上の素養等を背景とする一定水準以上の業務が含まれていること、又は、今後当該業務に従事することが見込まれること」を要する。

活動の具体例が、前掲「留学生の就職支援に係る『特定活動』（本邦大学卒業者）についてのガイドライン」に記載されている。同ガイドラインによれば、以下の活動が対象となる。

ア　飲食店に採用され、店舗において外国人客に対する通訳を兼ねた接客業務を行うもの（それに併せて、日本人に対する接客を行うことを含む。）。
※ 厨房での皿洗いや清掃にのみ従事することは認められません。
イ　工場のラインにおいて、日本人従業員から受けた作業指示を技能実習生や他の外国人従業員に対し外国語で伝達・指導しつつ、自らもラインに入って業務を行うもの。
※ ラインで指示された作業にのみ従事することは認められません。
ウ　小売店において、仕入れや商品企画等と併せ、通訳を兼ねた外国人客に対する接客販売業務を行うもの（それに併せて、日本人に対する接客販売業務を行うことを含む。）。
※ 商品の陳列や店舗の清掃にのみ従事することは認められません。

エ　ホテルや旅館において、翻訳業務を兼ねた外国語によるホームページの開設、更新作業を行うものや、外国人客への通訳（案内）、他の外国人従業員への指導を兼ねたベルスタッフやドアマンとして接客を行うもの（それに併せて、日本人に対する接客を行うことを含む。）。
※ 客室の清掃にのみ従事することは認められません。
オ　タクシー会社に採用され、観光客（集客）のための企画・立案を行いつつ、自ら通訳を兼ねた観光案内を行うタクシードライバーとして活動するもの（それに併せて、通常のタクシードライバーとして乗務することを含む。）。
※ 車両の整備や清掃のみに従事することは認められません。
カ　介護施設において、外国人従業員や技能実習生への指導を行いながら、外国人利用者を含む利用者との間の意思疎通を図り、介護業務に従事するもの。
※ 施設内の清掃や衣服の洗濯のみに従事することは認められません。

かかる活動は、これまで、専門的・技術的分野の在留資格で認められていた活動より、産業の現場で行う活動を含むものであって、活動範囲が広範であるといえる。そのため、「特定活動」（本邦大学卒業者）は、たとえば「技術・人文知識・国際業務」等と比較して、より広範な業務に就くことが可能といえる。

（イ）　在留期間と更新

「特定活動」（本邦大学卒業者）は、告示特定活動であるところ、在留期間は「五年、三年、一年、六月又は三月」であり（入管法施行規則別表第二）、更新可能である（前掲「留学生の就職支援に係る『特定活動』（本邦大学卒業者）についてのガイドライン」）。

6. 入社後の手続

(1)　採用時

適法に報酬を得ることができる在留資格等を有しない外国人材を採用した場合、採用して勤務をさせた企業には、不法就労助長罪（入管法73条の２第１項１号）が成立し得る。

〔図表 21〕在留カード

※ 法務省ウェブサイト「外国人を雇用する事業主の皆様へ」より。

すでに国内にいる外国人材を採用する場合、当該外国人材は在留カードを所持している（入管法 19 条の 3）。企業が国内にいる外国人材を採用する場合、在留カードで当該外国人材が適法に報酬を得る活動をなし得るか、確認するべきである（在留カードの見方等や在留カードを所持しない場合で就労できる場合等について、法務省から資料が公表されているので参照いただきたい（法務省ウェブサイト（http://www.immi-moj.go.jp/seisaku/pdf/2015fuhoushurou.pdf））。

また、偽造された在留カードを所持して就労する例もある。そういった偽造された在留カードが過去に失効した在留カードをもとに作成されている場合、法務省「在留カード等番号失効情報照会」のウェブサイト（https://lapse-immi.moj.go.jp/ZEC/appl/e0/ZEC2/pages/FZECST011.aspx）で確認することで、偽造された在留カードであることを覚知することが可能である。また、ホログラムが偽造されたものではないか等、在留カードの原本を十分に確認するべきである。

2020 年３月から雇用状況の届出（労働施策の総合的な推進並びに労働者の雇用の安定及び職業生活の充実等に関する法律（以下、「労働施策総合推進法」という）28 条）の届出事項として在留カード番号を追加する改正が行われた（厚生労働省「令和２年３月から外国人雇用状況の届出において、在留カード番号の記載が必要となります」（https://www.mhlw.go.jp/content/000565042.pdf））。

そして2019年12月20日に外国人材の受け入れ・共生に関する関係閣僚会議で決定された「外国人材の受入れ・共生のための総合的対応策（改訂）」では、次のとおり雇用状況の届出を活用した摘発が明言されている（施策番号147）。

令和２年３月から在留カード番号が追加される外国人雇用状況届出情報を活用して、外国人の就労状況の正確な把握、効率的な摘発のための偽装滞在者等の特定を進める。

今後、オーバーステイをした者が有していた偽造在留カード番号等から、過去の就労先に対して捜査が行われるといった形態で活用される可能性がある。外国人材の採用手続については、働くことができる在留資格を有していなかったことを知らなかったことについて「過失のない」（入管法73条の２第２項）といえるように手続を記録化することが必要である。

(2)　入社後の届出

入管法は19条の７以下で、受入企業（所属機関）および外国人材の双方について、一定の事項について届出義務を課している。

（ア）　外国人材の届出義務

外国人材が行う届出としては、新規上陸後の居住地の届出（入管法19条の７）、在留資格変更等に伴う居住地届出（同法19条の８）、住居地の変更届出（同法19条の９）、居住地以外の記載事項の変更届出（同法19条の10）、および、所属機関に関する届出（同法19条の16）がある。

これらの届出について、外国人材に必要な手続を示し、必要に応じて窓口に同行する等の対応を行うことが望ましい。

（イ）　受け入れ企業の届出義務

受入企業（所属機関）についても労働施策総合推進法28条、同法施行規則10条により届出（外国人雇用状況届出）を行う。労働施策総合推進法28条による届出の対象とならない事業者は、入管法19条の17により、届出の努力義務が課されている（雇用関係に基づく外国人材を受け入れた場合は労働施策総合推進法28条の手続の対象となるところ、入管法19条の17に基づく手続の対象となるのは、留学生を受け入れている教育機関や委任契約により役員として外国人材を受け入れている機関等、一部の場合に限られる（出入国管理法令研究会編『注解・判例出入国管理実務六法〔令和２年版〕』（日本加除出版、2019年）71頁））。

（A）　外国人材が被保険者である場合

当該外国人材が被保険者（雇用保険法４条１項）である場合は、雇入れに係るものにあっては雇用保険法施行規則６条１項の届出（雇用保険被保険者資格取得届）とあわせて、離職に係るものにあっては雇用保険法施行令７条１項の届出（雇用保険被保険者資格喪失届）とあわせて行う（労働施策総合推進法施行規則10条２項）。

（B）　外国人材が被保険者ではない場合

当該外国人材が被保険者ではない場合、外国人雇用状況届出は、外国人雇用状況届出書（様式第三号）により行う（労働施策総合推進法施行規則10条３項）。

（C）　届出の期限等

届出の期限は受け入れ時は雇入れ日の属する月の翌月10日まで、離職の場合には、離職日の翌日から起算して10日以内に、当該期限までに当該事業所の所在地を管轄する公共職業安定所の長に提出することによって行う必要がある（労働施策総合推進法施行規則12条１項）。

被保険者でない外国人に係る外国人雇用状況届出は、当該外国人を雇い入れた日または当該外国人が離職した日の属する月の翌月の末日までに、当該事業所の所在地を管轄する公共職業安定所の長に提出することによって行う必要がある（労働施策総合推進法施行規則12条２項）。

⑶　勤務中・退職時の手続

（ア）　年末調整

（A）　居住者および非居住者の区別

所得税法上、納税者は〔図表22〕のとおり区分される。

〔図表 22〕所得税法上の納税者

<table>
<tr><th colspan="2">居住者</th><th>非居住者</th></tr>
<tr><td colspan="2">国内に住所を有し、または現在まで引き続いて１年以上居所を有する個人をいう（所得税法２条１項３号）。</td><td rowspan="3">居住者以外の個人をいう（所得税法２条１項５号）。</td></tr>
<tr><th>非永住者</th><th>永住者</th></tr>
<tr><td>居住者のうち、日本の国籍を有しておらず、かつ、過去 10 年以内において国内に住所または居所を有していた期間の合計が５年以下である個人をいう（所得税法２条１項４号）。</td><td>居住者のうち、非永住者以外の個人</td></tr>
</table>

(B)　源泉徴収および年末調整

居住者に対して給与等の支払いをする場合、給与の支払いをする者は、給与等について所得税を徴収する、いわゆる源泉徴収義務がある（所得税法 183 条１項）。そして、給与等が法で定める金額以下の者については、その年の最後の給与等の支払いの際に、いわゆる年末調整を行う必要がある（同法 190 条以下。金子宏『租税法〔第 23 版〕』（弘文堂、2019 年）254 頁以下参照）。

年末調整の際などに、非居住者である親族（以下、「国外居住親族」という）に係る扶養控除、配偶者控除、障害者控除または配偶者特別控除（以下、「扶養控除等」という）の適用を受ける居住者は、その国外居住親族に係る「親族関係書類」および「送金関係書類」（これらの書類が外国語で作成されている場合には、その翻訳文を含む）を源泉徴収義務者に提出し、または提示する必要がある（国税庁「国外居住親族に係る扶養控除等の適用について」（平成 27 年 9 月（平成 30 年 1 月改訂）））。

扶養控除等を受ける場合の詳細については、国税庁のウェブサイトで、英語、中国語、スペイン語、ポルトガル語、ベトナム語で資料が公開されている（国税庁「非居住者である親族について扶養控除等の適用を受ける方へ」(https://www.nta.go.jp/publication/pamph/gensen/gaikokugo/02.htm)）。生活ガイダンスの際等、海外に送金した際の資料を保存しておくことも含めて、かかる資料を活用しながら外国人材に説明を行うべきである。

（イ）　脱退一時金

保険期間が 6 か月以上ある外国人材が、国民年金または厚生年金の被保険者資格を失い日本を出国した場合、2 年以内に、脱退一時金を請求することができる（厚生年金保険法附則 29 条、国民年金保険法附則 9 条の 3 の 2）。日本年金機構のウェブサイト「脱退一時金に関する手続をおこなうとき」(https://www.nenkin.go.jp/service/jukyu/todoke/kyotsu/20150406.html) に、英語、中国語、韓国語、ポルトガル語、スペイン語、インドネシア語、タガログ語、タイ語、ベトナム語、ミャンマー語、カンボジア語、ロシア語、ネパール語およびモンゴル語の資料が掲載されており、かかる資料を用いて外国人材に説明するべきである。

Chapter V

第５章　外国人材が働きやすい会社

第１　外国人材から選ばれるために

外国人材を採用するためには、外国人材から選ばれる会社になる必要がある。そのためには「外国人材が働きやすい会社」について知ることが重要である。外国人材が働きやすい環境を整え、外国人社員の満足度を上げることができれば、定着率が向上するだけでなく、今後の採用時に応募者を集めることが格段に楽になる。ロールモデルとなる先輩社員がいることでキャリアや働き方がイメージしやすいのはもちろん、既存の外国人社員から自社の評判を聞いた友人や大学の後輩が集まりやすくなり、継続的に採用できることもある。注意点としては、外国人材は日本人よりも給与やキャリアに関して赤裸々に語る人が多く、近況報告と同じような感覚で給与について話すこともめずらしくない。情報が筒抜けになりやすい分、良い情報も悪い情報も広まりやすいことは理解しておこう。

第２　外国人材にとって働きやすい環境

外国人材にとって働きやすい環境について以下にあげるが、これらは“Must”ではない。すべては“Want”であり、つまりは「できると好ましい」ことである。自社で取り組めそうなことから、できる範囲で行ってほしい。

1. 同じ職場や職種に複数人の外国人材を配置する

学生から社会人という立場の変化、母国から日本というロケーションの変化、母国語から日本語という言語の変化と、日本で働く外国人材には同時に３つの変化が生じる。新しい環境にうまく適応できないことで生じる精神的な不調を五月病というが、外国人材が五月病になるリスクは日本人以上に高いといえる。そのような中で自身が何に対して適応できていないのかが判断できないと、「会社が悪いのではないか」という思考に陥ってしまいがちである。

しかし、職場に外国人材が複数いれば、皆が違和感をもっていることなのか、自分だけの問題なのか、比べたり話し合ったりすることで自分の状態を整理できる。同じ立場で不安や悩み、困りごとを共有できる相手がいることの意味は大きい。出身国は違ってもかまわないので、できるだけ同じ職場に複数人の外国人材を配置するとよい。同時期の入社、同じ職種であれば理想的である。

2. ラフな面談を定期的に行う

入社初日、１週間後、１か月後、３か月後、それ以降は３か月ごとを目安に面談を実施できるとよい。仕事や職場環境、日本語、食事、日本での生活など、テーマごとに「困っていることはないか」という視点で話を聞いていく。その際、会議室などの緊張を要する場ではなく、ランチやお茶を飲みながらなどの話しやすい場をセッティングすることをおすすめする。上司ではなく、人事担当者やメンターが気軽な印象で行うこともポイントである。自分を評価する立場の上司を相手になかなか本音は話しにくいものである。

3. 外国人材の言動を頭ごなしに非難しない

これまでも何度か“就社”と“就職”の違いについて触れてきたが、この感覚の違いは入社後のトラブルにもつながりやすい。日本では“就社”の考えの下、「会社を成長させるために皆で頑張ろう」という感覚が強い。一方、海外ではあくまで“就職”であり、「会社の成長は経営者が考えることで、自分は自分の仕事をする」という意識で働いている人が多い。そのため同じ部署の人が忙しかったとしても、「自分の仕事が終わったら定時に帰る」のが一般的である。

日本人と外国人材の双方がこの感覚の違いを理解することが必要である。「他の人を手伝わずに帰る＝駄目な人」ではなく、そもそもそのような価値観を持ち合わせていないことを日本人は知るべきであり、外国人材も日本で働くからには、ある程度日本の慣習に合わせる努力をすべきだろう。手で食事をする国の人に対して「手で食べるなんて」と非難しても意味がない。日本では箸を使って食事をすることを伝え、箸の使い方を教えればよいだけの話である。外国人材の言動を頭ごなしに非難するのではなく、文化や価値観の違いを踏まえたうえで日本のやり方や習慣を建設的に伝えていこう。

4. 評価基準やキャリアパスを明確に伝える

評価やキャリアに関して、海外では明確に説明があるのが一般的である。どのような行動が評価されるのか、逆に何をしたら評価が下がるのか、キャリアパスはどうなっているのか。こういった説明がないことから先の姿をイメージできず、離職につながってしまうことは少なくない。特にロールモデルとなる先輩の外国人社員がいない場合は要注意である。海外とのギャップを理解し、上司から評価やキャリアについてきちんと伝えることが重要である。

総合職の場合はどうしてもキャリアパスがみえにくいが、たとえ先々のキャリアパスを明確に示すことが難しかったとしても、現在の配属の目的や大まかな在籍期間など、できる限り伝えるように努める。ある程度経歴が同じ社員のこれまでのキャリアパスを例として提示することも有効である。自分の希望や専攻とは異なる部署に配属されても、日本人であれば数年で異動になるだろうと理解できるが、外国人材に暗黙の了解は通用しない。いつか異動になるといわれても、それが何年後なのかが全くイメージできずに不安に感じてしまうことがあることを念頭においておきたい。

5. 宗教に配慮した環境を整える

外国人材の人数が増えてきたら、専用のプレイヤールーム（礼拝室）やハラールフードなどの社食メニューを用意できるとよい。むろん最初から整備する必要はなく、人数が少ないうちは個別対応で十分である。その際に留意すべきは、信仰の深さや方法は人それぞれ異なるということである。宗教によっては食事に制限があったりお祈りの時間があったりするが、厳密に規律を守る人がいる一方で、日本で生活する中で緩やかになる人もいる。お祈りについても個室で行いたい人もいれば、カーテンで仕切られていればよいという人もいる。自社の外国人材がどのような環境を望んでいるのかを聞いたうえで、できる範囲で環境を整えよう。

6. 日本特有の雇用制度が壁になることを知る

外国人材が 10 年、20 年と長期的に働いていくうえで、年功序列や定年を前提とした給与制度など、日本特有の雇用制度が壁になる。日本では終身雇用と年功序列のシステムの下、年齢を重ねるにつれて給与が上がっていくのが一般的であるが、外国人材は“時価”で評価されることを望んでいる。遠い将来母国に帰る可能性も高い中で、数十年後に給与が上がるという考え方はなかなか通用しない。

また、アジアのほとんどの国では管理職の経験者が日本に比べて少なく、その分需要が高い。日本で管理職についた外国人材が国に戻ると、現地の通貨で日本と同じ程度の給与がもらえるようになり、むしろ日本よりも生活の水準がよくなる。つまり管理職になった瞬間に日本の給与水準はアジア各国の水準を上回れなくなり、「母国よりも給与がよいから日本で働く」という動機がなくなってしまうことになる。

外国人材を受け入れていくうえで日本特有の雇用制度を見直すことが望ましいのは間違いないが、現実問題として簡単にどうにかできることではない。各国との違いをまずは理解し、事前理解を求めたり、“お金以外”の価値に目を向けたりすることが大切である。最新技術に携われる、日本の技術や仕事の仕方を学べる、良い職場環境があるなど、給与以外の面での満足度を上げることをめざしたい。

Chapter Ⅵ

第６章　外国人材採用のケーススタディ

これまでに外国人材の採用や受け入れのポイントを紹介してきたが、ここでは、実際に外国人材採用にかかわった企業の事例を紹介する。

会社規模や業種、外国人材採用を行う目的や取組内容もそれぞれ異なるが、１ついえるのは、どの会社も完璧に準備をして外国人採用を始めたわけではないということである。目の前の外国人材に向き合いながら、手探りでそのつど対応している。外国人材採用に取り組むにあたり、ぜひ参考にしていただきたい。

掲載順は、以下のとおりである。

第１　東日本旅客鉄道株式会社（社員数５万3200人）

第２　シスメックス株式会社（社員数 単体2538人、連結8715人）

第３　株式会社マネーフォワード（社員数 連結562人）

第４　株式会社テイエルブイ（社員数500人）

第５　株式会社テクノスジャパン（社員数 単体269人、連結388人）

第６　株式会社モリタアンドカンパニー（社員数78人）

第７　ＹＫＫ株式会社（社員数 グループ ４万6167人）

なお、掲載している内容は2019年10月時点の情報である。

第１　東日本旅客鉄道株式会社

（会社情報）
所 在 地　東京都渋谷区
社 員 数　５万3200人（2019年４月１日現在）
事業内容　旅客鉄道事業ほか

人財戦略部人財育成ユニットマネージャーの尾上さやか氏にお話をうかがった。

——外国人材の採用に取り組み始めたのはいつ頃ですか。

2012年からです。当初は若干名の採用でしたが、国際事業の進展などに伴い、2014年から採用人数を増やし始めました。新卒採用・中途採用の双方を合わせて、年間10名程度を採用しています。現状はアジアの方が多いですが、今後は事業を展開していく国の方の採用を強化することも検討しています。

——日本人と外国人材の採用には、どのような違いがありますか。

２つあります。１つ目は採用候補者との接点のもち方です。これは外国人の方に限らず日本人にもいえることですが、当社は「さまざまな地域から多様な人材を受け入れる」ことを採用方針にしています。ただ現状、日本で出会える外国人材は留学生が主体で、国籍もアジアの方が多く地域が限られてしまいますし、大学の偏りも生じてしまいます。幅広くグローバルな人材を採用していきたいという観点で考えると、今までの採用チャネルだけでは限界があると感じています。

そこで海外在住の外国人材と接点をもつべく、近年は海外で開催されるキャリアイベントや、ASIA to JAPANの「Study Go Work JAPAN面接会」などにも積極的に参加しています。海外ではJR東日本が海外事業を展開していることを知らない方も多いですから、まずは当社に関心をもつ機会をつくるよう、努力をしています。

２つ目は、職種への理解です。当社には総合職と、東日本の各エリアを軸にしたビジネスフィールドで活躍するエリア職があるのですが、海外では「学生時代に培った専門性を活かしたい」と希望する方が多いのです。総合職の場合は専門性だけでなく、幹部候補生としてマネジメント力や経営目線も求められますから、求める人材像を理解していただくことに難しさを感じています。

――総合職という日本特有の職種への理解が得られにくいというのは、各社が悩んでいるところだと思います。説明をするうえで、工夫していることはありますか。

総合職は「将来経営を担う人材」として期待されていることを、丁寧に説明することに尽きると思います。特に当社の鉄道事業は、お客さまの命を預かる仕事です。その厳しさを認識したうえで、自分がやりたい仕事をするために、どのような経験を積まなければいけないのかを理解していただく必要があります。技術を磨き上げることにとどまらず、会社の経営全般に関心をもち、チームをリードできる人材として成長してほしいと思っています。そのためにも、さまざまな部署を経験し、ステップアップしてほしいのです。そのキャリアパスは日本人と同様に考えています。

ただ一方では、日本人と同様のキャリアパスを用意することに違和感をもっている外国人の社員も出てきています。技術や能力を身に付けたうえでマネジメント力を発揮してもらいたいという思いに変わりはありませんが、そこに日本人とは違うバックグラウンドをもっている外国人材ならではの経験や視点をどのように組み合わせていくのか。この点は今後の課題です。ただし、外国人材向けにしくみを考えるというよりは、各社員の目標や「JR東日本の社員としてどうなりたいか」を加味しながら検討することになると思っています。

――選考の際、最も重視しているポイントは何ですか。

当社の場合、鉄道の実務に関する知見を得るために、総合職の方も最初は必ず駅などの現場に配属されます。その際に「自分がやりたい仕事ではない」とギャップを感じることがないように、現場の仕事に抵抗がないかは必ず確認するようにしています。最初に現場というステップを踏まなければ次に進めないということではなく、「現場での経験が将来の海外事業やマネジメントの仕事に必要である」ことを正しく理解できているかが重要です。外国人材の方は最初に現場配属になることへの抵抗感が比較的強いように感じますので、現場で活躍している外国人の社員と交流をもたせるなどして、本当に腹落ちしているのかは確認するようにしています。

外国籍社員の意見交換の場である「外国籍社員ネットワーク」最終報告会の様子。

そもそも当社は事業の性格上「転職が当たり前」という会社ではなく、長く勤めていただける方を採用しており、それは外国人材でも変わりありません。安全で安定した、鉄道事業を提供する礎になるのは経験であり、それは数年で身に付くものではない。ある程度の下積みが必要だということ、そしてそれはかっこいい仕事ばかりではないということを、まずはご理解いただく必要があるのです。

ほかに、人物面では「熱量の高さ」と「人間的な魅力」を重視しています。鉄道はお客さまからの信頼を礎とする事業ですので、実直さと意欲、情熱が不可欠です。特に国際事業を強化していくにあたり、難しい案件が増えていく中で、「絶対にやり遂げる」という気持ちは欠かせません。また、日本人と現地の人たちとの架け橋になっていただきたいとも思っていますので、どのような現場であっても受け入れてもらえるような人柄やコミュニケーション力も重視しています。交渉事やマネジメントを担うセクションに配属されることもありますので、荒削りでも、将来の可能性を感じるような方を採用したいと思っています。

――日本語力はいかがでしょう。

現状ではある程度日本語力も求めており、たとえ採用時の日本語力が低かったとしても、入社時には日本語能力検定（JLPT）でN1レベルになっていただきたいと思っています。そのためのサポートとして、2018年から一部の外国人材の方で可能な方には10月に入社いただいています。日本での在住経験が短い方や日本語力に不安がある方に対して、当社だけではなく、ある程度日本の環境に慣れた状態で4月の新入社員研修に参加できるようにするための対応です。4月までの半年間、夜は語学学校にも通ってもらっています。

――外国人材の受け入れに関して、ほかに何か工夫していることはありますか。

2018年より「外国籍社員ネットワーク」を立ち上げました。外国人社員から「同じ外国籍の先輩社員と話がしたい」という相談があったことがきっかけです。具体的には年に4～5回意見交換の場を設け、さまざまな議論を行っています。「外国籍社員が考えるキャリア」をテーマにしたり、東京オリンピック・パラリンピックの際に当社ができるサービスについて外国人目線から考えてもらったりしています。ほかに、たとえば「結婚して家を探す際に住宅控除が得られない」といったときの対応など、「ほかの人が同じことで困らないように」と、外国人社員ならではの困りごとを共有し、それを冊子にまとめたりもしました。

ネットワークへの参加は任意ですが、外国人社員のうち半数程度が参加してくれました。「新たな交流が生まれた」「ほかの人も同じように苦労していることがわかった」など好評です。まずは会社がきっかけを与えることが大切だと感じています。今後は外国人社員で自主的に運営してもらい、引き続き悩みや困りごとをケアできる場にできればと思っています。当社として初のムスリムの女性が今後入社する予定ですが、お祈りや食事などの宗教上の対応に関しても、こうした場でケアできるのではないかと考えています。

　また、こういった場を定期的に設けることで、コアメンバーは先輩としての自覚がもてますし、マネジメント力を鍛えることにもつながります。会社に対するロイヤリティーも高まるのではないかと期待しています。

――外国人材を受け入れるにあたり、既存社員の理解や配慮が足りずにトラブルになるケースも耳にします。貴社の場合はいかがですか。

　今のところ、大きなトラブルの報告は受けていませんが、それは、外国人社員が努力をしているからだと思います。当社はもともと国内事業が中心でしたから、社員の多くが外国語を話すことができません。そのような中でトラブルがほとんどないのは、外国人社員が努力して日本語能力を伸ばすなど適応しているということです。

　ただし、日本人社員の配慮も当然必要です。実際にあった例ですが、比較的日本語が話せる外国人社員が、社外の打合せを１人で任されたことがありました。現場長は彼の日本語能力を評価していたからこそ任せたのですが、本人は日本語能力に自信がなかったようです。結果的に相手の方に失礼なことを言ってしまい、お叱りを受けたそうで、本人も非常にショックで、トラウマになってしまったということがありました。任せてもらったのに失敗してしまったという失意も大きく、上司にも報告しにくかったそうです。外国人社員だからといって過度に特別扱いしないことも大切である一方、やはり配慮は必要であることを痛感した事例でした。

　その外国人社員はそれ以来、「自分の日本語はまだ上手ではないので、失礼なことを言うかもしれませんがお許しください」と冒頭で伝えてから打合せにのぞむようにしているそうです。そのような日常のいろいろな場面で外国人社員が直面している苦労や涙ぐましい努力を、受け入れる側も知ろうとしなければ、受け入れのハードルはなかなか下がらないと感じます。現在は全社員の0.1％とごく少数ですが、今後採用人数を増やしていけば配属箇所が増え、同様の問題は出てくると思います。職場への理解を促すために、このような事例の発信を積み重ねていくことが、人事部門としては必要と考えています。

――ほかに外国人材を受け入れるにあたって、人事担当者として課題に感じていることはありますか。

やはり言葉の問題ですね。当社では昇進にあたり試験を受けていただくのですが、試験はすべて日本語です。労働条件通知書や就業規則なども日本語ですから、その点は苦労をかけてしまっています。当社のことを正しく伝えるという意味でも、英語資料を増やすなど、英語化が必要な場面は増えていくと思っています。現状は外国人社員側の努力でもちこたえている部分が大きいので、個別対応が難しい人数になってきたときに会社としてどうするかは、今後生じるであろう問題だと思っています。

――最後に、外国人材の採用を行ったことで会社に生じた変化について教えてください。

私は採用だけでなくダイバーシティも担当しているのですが、外国人社員が職場にいることは、まさしくダイバーシティです。日本人と比べると、外国人社員は意見をはっきりと言う人が多いです。でも、たとえ突拍子もないことを言われたとしても、少なからず新しい発見や視点が生まれるものだと感じています。そういった新しい何かが社員や組織、会社の意識改革にもつながりますので、外国人の皆さんがいることが、すごく大きな力になっていると思います。

また、外国人社員を周りの日本人社員がフォローしていますが、フォローをしている社員を見守る目線がとても温かいのが印象的です。さまざまなセクションがかかわって成り立つ鉄道事業に大切なチームワークを強める効果もあるように感じています。

これまではダイバーシティの観点での外国人材の採用という側面が強かったのですが、今後の事業を担う人材として採用する方も増えてきます。外国人材がマネジャークラスで活躍できるようになっていけば、会社の変化も加速していくと期待しています。単に職場に新しい風を入れるということではなく、ビジネスの成功に外国人材の能力や経験、知識が直結する。これが今後のフェーズに求められていますし、会社としてもそういった人材を育てていくために改革をしていかなければと考えています。

第２　シスメックス株式会社

（会社情報）
所 在 地　兵庫県神戸市
社 員 数　単体：2538 名　連結：8715 名　（2019 年 3 月 31 日現在）
事業内容　臨床検査機器、検査用試薬並びに関連ソフトウェアなどの開発・製造・販売・輸出入

人事部人事課のイアン・ロジャース氏、井谷苗未氏にお話をうかがった。

――外国人材の採用に取り組み始めたのはいつ頃ですか。

イアン：本格的に外国人材の採用を始めたのは 2011 年からです。それまでも国内で留学生を中心とした海外人材の採用は実施していましたが、2011 年にインド工科大学のキャリアセンターが海外でのインターンシップを積極化し、人材エージェントとともに当社が参戦したのが海外採用を本格化していくきっかけになりました。

海外大学から直接外国人材を採用した経験がなかったため、学生へのアプローチ方法や面接などのアレンジを人材エージェントにサポートしてもらうことで海外採用のノウハウを蓄えることができました。初めて外国人

材の採用をするのであれば、人材エージェントを活用するのは非常に有効だと思います。

ただ、人材エージェントを使っている中で学生とのコミュニケーションに課題を感じていました。人材エージェントを間に挟むことで、学生とのコミュニケーションが間接的になるだけでなく、当社のメッセージや想いがダイレクトに伝わらない状況が発生していました。そこで学生との接点を増やし、会社の理念や学生に期待することなどを明確に伝えることを目的に、キャリアセンターに直接アプローチするようになりました。大学からは非常にポジティブな反響があり、キャリアセンターの職員や教授とのやりとりが増えた結果、当社と学生との信頼関係も強化されたように思います。

――アプローチ先の大学はどのように決めているのでしょうか。

イアン：日本で採用することが難しい分野の人材獲得をめざし、大学のアプローチ先を決めています。当社が求める人材は多岐にわたるので、IT であればインドやロシア、事業戦略であればシンガポールや香港といったように、職種によってアプローチ先は変えています。

また、競合他社とほとんどバッティングすることなく採用できる大学を選ぶことも重要なポイントです。たとえば香港大学でバイオテクノロジーを学んでいる

現地でのプロモーション活動で学生の興味を喚起する。シンガポールの大学にて。

学生が香港で就業するチャンスはそれほど多くないため、グローバルな企業かつ自身のスキルを活かせる当社は学生にとって魅力的に感じるポイントとなります。そういった採用戦略も必要になってくると思います。

井谷：香港やシンガポールの現地出身者にとっては、日本は同じアジアなので母国と行き来しやすいですし、時差もほとんどないので母国の家族とコミュニケーションがとりやすいという利点もありますね。

——海外で採用した外国人材も、最初は日本で働くことになるのでしょうか。

井谷：はい。各地域に関係販社や現地法人がありますが、本社機能は日本にあり、新卒者はまず日本で働いてもらっています。スキル習得後に、研究開発、マーケティング、薬事など、分野や専門性を問わず海外でも活躍いただいています。

——日本語力についてはどの程度重視していますか。

井谷：日本語は必須ではありません。例年ですと外国人材は10月に入社することが多いのですが、日本語が話せない方には入社３か月前からウェブを用いた日本語研修を受講いただいています。また、入社１か月前に来日していただき、Face to Faceの日本語研修に参加してもらっています。その間に最低限の日本語を覚えてもらうとともに、日本の生活にも慣れて安心して働けるようにサポートしています。

日本語力は必須ではありませんが、やはり日本語ができれば仕事の幅は広がりますので、入社後も継続して日本語学習のサポートを実施しています。

——日本人と外国人材の採用には、どのような違いがありますか。

井谷：やはり外国人材の場合はカルチャーや宗教の面で日本人との違いが大きいですから、日本への理解があるか、そして日本の環境に適応できそうかという点はみています。たとえば複数の国で生活してさまざまな文化を吸収した経験や、親元を離れて生活したことがあるかといったポイントから、日本でもやっていけそうかということは判断しています。

イアン：とはいえ、そこはポジションにもよります。たとえばAIやICTなどのハイレベルなスキルをもつスペシャリストであれば、カルチャーの違いはあまり仕事に影響しません。当社で働く理由がきちんとあって、会社のカルチャーにフィットしそうな人であれば、日本への理解があまりなさそうな人でも採用することはあります。

井谷：ほかには、学生へのフィードバックを手厚く心がける、というところは当社の海外採用の売りだと感じています。国内採用に比べて応募者の数が少ないのと、イアンの人柄があって実現していることだと思います。選考中に学生の皆さんが気になるポイントは“自身の評価”だと思うので、合否がどうであれそこをしっかり伝えてあげることで今後の成長につながると信じています。

イアン：オファーを出す人はもちろん、不採用となった人へのコミュニケーションも同じくらい大切です。きちんと不採用だった理由をフィードバックすることで学生は納得ができ、当社への信頼も増します。その結果、その学生がキャリアセンターや教授、友人に当社の話をしてくれれば人気は高まりますし、翌年の応募者も増えます。自社の評価を築くためにも、学生と直接コミュニケーションをとることは重要だと思います。

――外国人材を採用するうえで、課題だと思っていることはありますか。

イアン：スキルと定着のバランスですね。ハイレベルな人材は即戦力で活躍してもらえるけれど、数年で辞めてしまうリスクが高い。その一方で、会社のカルチャーに合うし定着もしそうだけれど、２～３年のトレーニング期間が必要な人もいます。当社が欲しいスキルをもつ人材と、定着率のバランスをどうとっていくのか非常に難しいところです。

井谷：外国人材は１～２年で結果を残したら別の会社や国に行ってスキルを高めるという考えの方が多いです。すぐに結果を求め、キャリアに直結すること以外はあまり興味を示さないことがあります。スキルがあって成果を出せるのであればそれでもかまいませんが、大半はそうではありません。業務の進め方についてのレクチャーやOJTが必要となるのですが、それらの必要性を理解させるのに苦労します。

イアン：入社後もチームのメンバーや上司が変わった場合の適応が日本人と比べて難しいことがあります。数年に一度大きな組織変更があることが多いのですが、新しい上司が日本語しか話せず、戸惑いを感じるケースもありますね。

――外国人材の定着のために、何か工夫していることはありますか。

井谷：全社掲示板や社内規程、一部の研修内容の英語化、食堂でのハラール料理の提供、プレイヤールームの設置などを行っています。また、外国人材に限らずダイバーシティ＆インクルージョンの取組みを進めているダイバーシティ推進課を2017年に人事部に設置し、活動内容の一環として外国人社員へのサポートも行っています。

　寄せられる相談はさまざまで、税金や年金、退職金、社会保障といった日本のシステムに関するものもあれば、スーツはどこで買えばよいのかといった日常的な相談もあります。また、配属先にもサポートデスクを設定しており、日常業務へのサポートを実施しながら外国人社員が安心して働ける環境づくりをめざしています。

――外国人材に日本で長期的に働いてもらう中で、ある程度日本に適応してもらう必要がある反面、適応しすぎることで外国人材ならではの特性が失われることを懸念する企業もあります。その点について、貴社ではどのように考えていますか。

井谷：外国人社員はキャリア思考が強く「シスメックスで何をしたいのか」が明確です。自分のアイデンティティをもちつつキャリア形成をしていくうえで日本やシスメックスの文化と調和する必要があることを働きながら徐々に理解してくれているので、適応しすぎるということはないと思っています。また、われわれもダイバーシティ&インクルージョンを実施しており、日本式に合わせてもらおうとは考えていません。

――日本で働きたいという動機が先行してしまい、その会社で働きたい理由が欠落している外国人材も多いのですが、貴社の場合は、なぜ「シスメックスで何をしたいのか」が明確なのでしょうか。

井谷：前提として当社が求める分野が得意な学生がいる大学をターゲットにして、スキルの高い学生を採用しているので、「日本で働きたい」という理由で応募いただくことはありません。

　外国人材を採用する際は、当社が求める人材像や入社後の業務を明確に打ち出して学生にアプローチすることで入社後の業務やスキルの発揮をイメージさせるなど、日本を前面に押し出すようなプレゼンはしていません。日本語力も不問ですから、あくまでもスキルを活かせる環境として当社を選んでもらっていて、その場所がたまたま日本だったという感じですね。

――最後に、外国人材の採用を行ったことで会社に生じた変化について教えてください。

イアン：３つあって、１つ目は技術面の変化です。日本だけではみつからないようなハイスキル人材を世界中から採用することで、会社全体の技術レベルを引き上げ、当社が成し遂げたい目標により早く到達できるのではないかと期待しています。２つ目は、会社がグローバル化することによる雰囲気の変化です。日本人だけのチームに外国人材が入ることで、メンバーは良い意味でショックを受け、考え方や意識が変わります。私自身、職場がグローバルな思考をするようになってきているのを実感しますし、海外の支社も同様に日本本社の変化を感じているようです。そして３つ目は、異文化理解です。これは最も大きなポイントで、母国と日本の双方のカルチャーを理解しつつ、双方とコミュニケーションがとれる人材は貴重ですので当社にとって大きな助けになっています。

井谷：意識や雰囲気の変化は私も感じていて、外国人材が職場にいることで会社全体が「英語がこれからもっと必須になっていく」というマインドセットになっているように思います。また、海外で行われている採用プロセスを知ることができることもメリットといえます。たとえば海外ではYouTube面接を実施している企業も多く、面接前に動画をみることで、ある程度コミュニケーションスキルや人柄を判断しています。そういったやり方を学べるのは勉強になりますし、国内採用でも取り入れていきたいですね。

イアン：外国人材は会社にさまざまなナレッジを与えてくれます。日本にいる期間が限られていたとしても、その人たちがもたらしたノウハウや知見は、他の社員の財産になります。投資に対するリターンは非常に大きいと思っています。

第３　株式会社マネーフォワード

（会社情報）
所 在 地　東京都港区
社 員 数　連結 562 人（2019 年９月末時点）
事業内容　インターネットサービス開発

取締役執行役員 CTO の中出匠哉氏、人事の井上玲氏にお話をうかがった。

――外国人材の採用に取り組み始めたのはいつ頃ですか。

中出：2017 年からです。ベトナムに拠点をもつ会社の取締役と当社の福岡拠点の責任者に面識があって、ベトナムのハノイ工科大学で日本語と IT を学んでいる学生を採用できる機会があるとご紹介いただいたのがきっかけでした。当時はすでに日本でも新卒採用をしていましたので、良い人材がいたら採用したいと考えて現地へ赴いたところ、優秀な人材が揃っていました。３人くらい採用できればと思っていましたが、想定よりも多く、５人を採用しました。ですから、準備万端で外国人材の採用をスタートしたというよりは、たまたまご縁があって採用を開始したというのが流れです。現在も引き続きハノイ工科大学で採用を行っていて、他に現地に拠点をもっている人材エージェントに依頼し、これまでに韓国、中国、台湾、ホーチミンで採用を行いました。将来的にはアジアに向けてサービスを展開していきたいと考えていますので、アジア各国の出身者がいれば少なからずプラスに働くのではないかと期待しています。

　また、アジアの場合は物価の差が優位に働くので、自国で働くよりも高い給与が得られることが良い人材を採用するうえで１つの武器になっています。ベトナムをはじめとしたアジア各国の多くの人にとって、日本で働くことは非常に魅力に映るようです。少なくとも初めてハノイ工科大学の学生を採用したときに、オファーを出した人は全員承諾してくれています。外国人材と一緒に働いてまだ１年程度ですが、総じて優秀です。日本国内でもエンジニア採用をしていますが、日本の上位大学の学生にオファーを出しても断られてしまうこともあるわけで、同じ地頭の良い上位大学の学生を採用するのであれば、海外という選択肢をもつことは利点が大きいと思いました。それにGAFAなどのグローバル企業からもオファーが出るような優秀な人を採用しようと思ったときに、日本だけで採用するのは厳しいとも思います。

——採用しているのはITエンジニアのみですか。

中出：そうですね。現在は従業員約600人中、外国人社員は10人くらいで、海外から採用した人は全員エンジニアです。ビジネスサイドの人とも面接をしたことはあるのですが、日本語力が日本語能力検定（JLPT）のN1程度はないと厳しい印象でした。一方でエンジニアの場合、情報収集は英語ですし、プログラミングコードも日本語は関係ないですから、言葉のハンディキャップが小さいのです。

それにエンジニアとひとことでいっても、コミュニケーションが重視されるポジションとテクニカルな部分が重視されるポジションで大きく分けられます。たとえば会計の業務知識をもったメンバーとコミュニケーションをとりながら進める仕事は日本語力や日本の事情を知っている必要がありますが、インフラに近い部分はあまり言語差がありません。ユーザーが増えて扱うデータも増えている中で、レスポンスのスピードを保つことも重要ですから、そのような部分は外国人材の方に活躍してもらいやすいと思っています。とはいえ、日本語で働いてもらうことが前提ではあるので、基本的には最低でもN3程度の日本語力は求めています。

――日本人と外国人材で、採用のやり方を変えている部分はありますか。

中出：入社後の配属先になりそうな部署の上長を面接官にアサインしています。外国人材は日本人と比べて日本語のコミュニケーションがとりにくいですから、受け入れ先の上長が納得感をもって「育てよう」と思えることが重要です。実際に面接に参加してもらうことで、覚悟を決めてくれていると感じます。また、採用や受け入れの知見が蓄積される効果もあるように思います。

――配属先はどのように決めているのでしょうか。

中出：受容性が飛び抜けて高い人が率いているチームにまずは入れています。外国人材を受け入れるにあたり最適な部署が３つくらいあって、そこで慣れて成長し、日本語も上達してきたら、別のチームに異動するイメージですね。その部署の上長は多少のことでは動じない人たちで、「外国に放り出されてもきっと生きていけるだろうな」と感じさせるタイプなのです。外国人と働いた経験があるとか、英語が堪能といったことも大切だとは思いますが、それ以上に異文化を受け入れられる資質の方が重要な気がします。ある程度クリーンな状態でないとストレスに感じる人もいれば、カオスな状態でも平気な人もいる。そこは向き不向きがあると思っています。今は外国人材が内定者を合わせて30人くらいになったので、今後は外国人の先輩社員と同じチームに入れることでよりフォローがしやすくなるのではないかと期待しています。

――ほかに日本人と外国人材の採用で異なる点はありますか。

中出：志望動機は一応聞いていますし、重視したい気持ちもあるのですが、外国人材の場合はそこを追求してもあまり意味はないように思っています。当社のサービスは現時点では海外で使えないですし、類似サービスが自国にないケースもあります。想像できないところはあるでしょうし、当社の理念やプロダクトへの共感が面接時点でないことは仕方がありません。日本で働きたい意思があって、かつ当社が求めているスキルがあることを前提に採用を判断しています。

井上：ほかには、人柄をみていますね。技術力や日本語力はもちろん大事ですが、組織に溶け込めそうなタイプであることも同じくらい重要です。選考を受ける外国人材自身も、技術的な環境に加え、面接時に相対するわれわれの印象で会社の良し悪しを判断しているように思います。国内外、新卒や中途を問わず、面接は相互理解の場です。一方的に話を聞くだけでなく、お互いに質問し合って、その過程でお互いが何らかのギャップを感じたのであれば違う道を選んだほうがよい。そういったスタンスですから当社の面接はラフですし、面接官の服装もカジュアルなので、リラックスしやすい雰囲気をつくれていると思います。それはお互いが人柄や社風を判断するうえでプラスに寄与しているかもしれません。オファーを出した後もオフィスに招待したり、先輩社員とランチの機会を設けたりといったことは意識的に行っています。

――外国人材の受け入れに関しては、どのように対応していますか。

井上：これまでは人数もそれほど多くなかったので自社で対応していました。私は受け入れ業務を最近引き継いだのですが、「よくやっていたな」というのが率直な感想です。来日直後はマンスリーマンションを手配したり、スマートフォンの契約をサポートしたり、体一つで来日できるくらい生活面が整備されていたのは前任者のホスピタリティーによるところが大きかったと思います。ゴミの分別といった私生活のギャップも個別にフォローしていて、悩みや困りごとを漏らさぬようにフォロー面談の機会を適宜用意したり、何でも質問できるチャットをつくったりしています。ほかには社外に各国のコミュニティがあるようで、そこで生活面のアドバイスをもらうなど、各自がたくましくやっているようです。

ベトナム人社員とチームメンバー。配属先に求めるのは英語よりも異文化を受け入れられる資質。

一方で、今は外国人材の数が増えてきましたし、まだまだ改善の余地もあるでしょうから、今後は知見のあるベンダーと協力して受け入れのオペレーションを整えていく予定です。当社は「走りながら考える」というマインドが強いので、当事者が不幸にならないように配慮しつつ、やりながらより良く整備していければと思っています。

――日本人の新卒者にも地方から引っ越してくる人がいる中で、たとえば家賃補助のようなサポートを外国人材にだけ行うことを懸念する人事担当者もいます。その点についてはどのように考えていますか。

井上：人事内でもその議論はありました。会社としてフェアネスは重視していますし、制度をフェアにしていくことは特に気にかけています。ただ、外国人材への対応に関しては、待遇に差があってもよいのではないかと考えています。これは「平等」と「公平」の違いで、同じ対応をすることが平等だとしたら、各自のスタートラインを揃えることが公平だと思っています。海外から身一つで日本に来てチャレンジしようとしている人へのリスペクトを込めてフォローし、習慣や文化が違う外国でキャリアをスタートするハンディキャップを埋め、まずは日本人社員とステージを合わせる。そのような考えの下、外国人材ができる限りストレスなく、仕事に慣れることに集中できるような取組みをしていきたいと思っています。

――日本語教育のサポートはしていますか。

井上：内定を出してから入社するまでの期間は人事が定期的にビデオチャットで日本語の会話をしています。テーマを与えて口頭で説明してもらうようなことを 15 分程度やっていますね。ただ、こういった取組みも人数が増えてくると回らなくなると思うので、今後は整備が必要だと思います。

中出：入社してからも半年程度は毎日 15 分、1 対 1 で日本人社員と会話する時間を設けることもしていました。エンジニアはチャットでやりとりすることが多く、日本人同士であってもあまり会話がありません。だからこそハンディキャップが小さい面もあるものの、普通に働いているだけでは会話力は上がらない。そういった背景からスタートした施策ですが、副次効果として社内コミュニケーションにもプラスの影響がありました。会話相手の募集にはたくさん応募があって、日替わりでさまざまな人が練習相手になってくれています。結果的に外国人社員は社内に知り合いが増えますし、日本人社員も外国人社員を気にかけてくれるようになりました。エンジニア以外の人も週末に食事へ連れて行ってくれていますし、当社の外国人社員はすごく愛されていると思いますね。日本人と比べてすれていないというか、純粋でかわいいのです。

――最後に、外国人材の採用を行ったことで会社に生じた変化について教えてください。

中出：日本で働くというチャレンジをしている外国人社員をみて、刺激を受けている人はたくさんいると思います。日本人社員の中には海外で働くというチャレンジを選択肢としてもち始めた人もいるでしょうし、いつか当社がグローバルに出るというメッセージにもなっている気がします。外国人材を採用することが会社の魅力の一つになっていると思います。

　外国人社員も自国で働いている友人を紹介してくれて、この会社で働くことをそれなりに気に入ってくれているようです。どうやら入社前の期待値がそんなに高くないようで、入社後に「こんなに至れり尽くせりなのか」と感動してくれている印象です。アジアの外国人材は日本企業がオファーを出したらある程度受けるつもりで面接に来ている人が多いので、そのような意味では選考時の当社の訴求が足りていないのかもしれません(笑)。

今後も外国人材の採用をやらない手はないと思っています。日本人以外も採用するとなった瞬間に候補者はものすごく増える。さらに日本語という条件を外すことができれば選択肢はより広がりますから、今後は社内の英語化も進めたいですね。まずはチーム単位でクローズドにやってみるなど、やり方は検討中ですがチャレンジしたいと思っています。取組みが進んでいけば社内規定や書類関係もすべてバイリンガル対応をする必要があり、バックオフィスには大きな負担をかけてしまいますが、体制を整えて世界中から優秀な人材を採用していきたいですね。

第４　株式会社テイエルブイ

（会社情報）
所 在 地　兵庫県加古川市
社 員 数　500 人（2019 年３月現在）
事業内容　計測・制御機器の製造・販売並びにコンサルティング、蒸気・動力システム、配管の設計および施工　ほか

取締役副社長の藤原綾子氏、ジェネラルマネージャー CES センターの見田哲也氏にお話をうかがった。

――外国人材の採用に取り組み始めたのはいつ頃ですか。

藤原：海外展開に伴い、1980 年代から外国人材の採用自体は行っていました。当社のユニークな点として、子会社の海外販社に日本人は駐在してい

ません。現在拠点は世界に14ありますが、基本的に各責任者はローカルの出身者であり、年齢もバックグラウンドもさまざまです。現地で採用したら、日本への出張機会を多くもち、当社の企業理念、ビジョン、そして戦略をより深く理解してもらうとともに、日本の文化にふれられる機会をつくっています。

見田：そこから「日本で働くエンジニア」を増やすための外国人材の採用を開始したのが、1995年頃です。その時期から製品の技術知識を理解するだけでなく、蒸気を使用している現場を診断する必要が出てきました。そして、2005年から「蒸気システム最適化プログラム」を日本でリリースした後、順次海外へ展開するにあたって、ますます海外メンバーとのコミュニケーションが重要になってきました。海外メンバーとのコミュニケーションをとる際に各国の文化を知ったうえで現地とやりとりができるメンバーが日本にいるのといないのとでは、コミュニケーションの質が全く異なります。

現在は従業員約500人中、日本で働いている外国人社員は11名です。販社がある国の人を中心に、人材エージェントなどを使って毎年若干名を採用しています。

――日本人と外国人材の採用には、どのような違いがありますか。

見田：外国人材だから特別重視していることはありませんが、人柄や能力を判断するのは難しいと感じます。日本人のレジュメであればある程度フォーマットのようなものがありますが、外国人材の場合はそれがありません。大学のランクは調べればわかりますけれど、良い人材が良い大学にいるわけでもありません。また、当社が実施する適性検査（SPI）の結果も、日本人と外国人材で傾向が異なります。あわせて実施しているメカニカルテストでは高得点だった人のSPIの基礎力があまり高く出ないこともめずらしくないですし、大学の世界ランキングからイメージする点数とはずいぶん違う結果が出ることもあります。

　そして面接の第一印象で外国人材を判断することも非常に難しいと感じます。日本人とローカルの人が感じる「良い雰囲気」は違うので、最近はローカルのメンバーにもテレビ会議で面接に参加してもらうなど、同じ国の出身者からの意見も聞くようにしています。

藤原：英語が話せる方であれば日本人と同じような面接を英語で行いますし、外国人材ということをあまり意識はしません。ただ、モチベーションがロケーション（日本で働きたい）にあって、オキュペーション（業務）ではないという場合は、やはり慎重になります。仲間として長く一緒に働ける人を厳選して選びたいので、仮に日本というロケーションを重視しているのだとしても、その中でも当社を選んだ理由を説明できる方でないと心配にはなります。少数精鋭の会社だからこそ、「既存社員が育成の時間を割いてでも採用したい人材なのか」ということは意識しますね。

――日本語力はどの程度重視しますか。

見田：部門によりますが、私の部門のCESセンター（Consulting-Engineering-Service）では不問です。部署自体のコミュニケーションも基本的には英語です。今いるCESセンターの外国人社員のほとんどは日本語が話せない状態で入社しています。

藤原：とはいえ日本語ができないと日常生活に支障を来してしまうので、入社後は週２回の日本語レッスンを会社でサポートしています。日本語の教師に会社へ来ていただいて、対面で１対１ないしは１対２の少人数で実施しています。期間は特に決めていないので、本人が希望する期間受けることができます。

――社内には英語が話せない人もいると思いますが、外国人社員が日本語を話せないことでトラブルになってしまったことはありますか。

藤原：英語が話せる人が少ない部門と外国人社員の間での業務上のコミュニケーションはほぼ発生しないので、トラブルというものはないですね。とはいえ文化が違いますから、生活態度やビジネスマナーの面で日本人社員が違和感をもつことはあると思います。

見田：外国人社員は単純に日本の慣習を知らないだけなのです。あくまで私の感覚ですけれど、やはり日本で働こうという意思のある人たちなので、注意すればきちんと理解して、正そうとしてくれます。他の社員からみたときに印象が悪くなってしまっては本人が苦労しますから、気づいたタイミングでそのつど声をかけるように意識しています。おそらく「ポケットに手を入れてはいけない」ということがこれまでに最も多く指摘していることですね（笑）。

――受け入れにあたってはどのような対応をしていますか。

藤原：ビザ関連の手続は社内で行っています。当社は海外出張が多いですし、月に１度はビザが必要なゲストが日本のオフィスに来るので対応には慣れています。住宅に関しては、最初はこちらで手配し、その後の家探しは本人に任せています。ただ、鉄道沿線の物件に引っ越した外国人社員から「電車の騒音が激しくて寝られない」という不満を聞いたことがあります。日本人の感覚だと、沿線の物件なのであれば電車の通過を待ち、うるさくないかを確認するのが当然だと思いますけれど、そのような当たり前のことがわからない場合もあります。家探し自体を初めて行う人もいますし、敷金や礼金の説明はもちろん、徒歩圏内にスーパーマーケットがあるかどうかといった生活条件面などのアドバイスができるような対応の仕方を検討する余地はあると思っています。

――長期的に外国人材が日本で働いていくうえで、課題に感じていることはありますか。

藤原：システム面で気にしているのは、評価のあり方や、日本での永住を考えた場合の不便さです。外国人社員は日本でずっと働き続けることも将来的に母国に戻ることもできますが、後者の場合、日本と母国の給与水準の差が大きいときに、「現地の販社が日本と同じ水準の給与を出せるのか」という問題が生じます。以前は発展途上国から来た外国人材を雇う場合は、帰国後を視野に入れて基本給を抑え、「帰国補助」といった手当をつけるような設計をしていたのですが、それが通用するのは２～３年の短期滞在の場合なのです。５年、10年と長く働くほどトータルの金額が本人の給与水準になりますし、どこで働いたとしても給与水準が変わらないことがグローバル人材のステータスですから、本人も母国に戻ったとしても当然同じ給与水準だと考えるわけです。

ただ、いくつかの販社はこれから成長していこうとしている段階ですから、やはり課題にはなります。採用する人にプレッシャーをかけたり、給与を低く設定したりといった話ではなく、本人が母国に戻ったときに同じ水準の給与を賄えるだけのパフォーマンスを会社として上げていくという緊張感をもつ必要がある。「現地の市場を伸ばしていく」というモチベーションをもたなければいけません。

入社後は週２回の日本語レッスンを会社でサポートする。

――外国人材がいることで、会社に生じた変化について教えてください。

見田：研究開発課のメンバーが海外とコミュニケーションをとる際のサポートを外国人社員に依頼したり、これまでに外国人材と接する機会が少なかった部門の社員の抵抗感が減ったりと、社内のグローバリズムにプラスになっているように感じます。また、ちょっとした会話をしているときに発想の違いに気づき、それが新しいアイデアや仕事のやり方につながることもあります。

藤原：日本で働いているCESセンターの外国人メンバーは、お客さまにベストソリューションを提供する各国のチームを束ね、技術レベルを引き上げ、サービスの質を向上させる責務を担っています。「日本人の考え方はこうだけれど、シンガポールだったらこの考え方が一般的」といったことを、忖度なくフラットに日本のメンバーに共有してくれる人が多いですから、日本にいる社員の海外への理解や文化の違いに対する許容量といったものを引き上げることにもつながると思っています。

第５　株式会社テクノスジャパン

（会社情報）
所 在 地　東京都新宿区
社 員 数　単体269人　連結388人（2019年４月１日現在）
事業内容　基幹システム（ERP）関連事業、デジタルトランスフォーメーション推進事業　ほか

代表取締役社長の吉岡隆氏にお話をうかがった。

――外国人材の採用に取り組み始めたのはいつ頃ですか。

10数年前に年に１～２人の外国人材を採用していたことがありましたが、４～５人になった頃に全員が転職してしまったことがあり、しばらく

採用をストップしていました。ここ数年でもう一度再開し、今は意識的に採用しています。

――再開した理由を教えてください。

グローバルで戦える人材を採用したいと考えているのですが、日本人だけをターゲットにしていては欲しい人数はなかなか集まりません。また、当社は2018年、インドに開発拠点をもつアメリカのクラウドインテグレータ企業を買収しました。グローバルに進出していくことを考えたときに、外国人材を仲間に入れていきたいという思いもあります。

現在は日本の留学生採用のほか、各国に赴いたりASIA to JAPANの「Study Go Work JAPAN面接会」に参加したりと、多角的に採用を行っています。2019年２月には経済産業省の「NIppon New Network for INnovation（NIN2）」が主催するインド・プネのジョブフェアにも参加しました。

――ジョブフェアはいかがでしたか。

初参加かつ準備不足もあってあまり効率良く候補者と会えなかったところはありますが、インド人からみると、まだまだ日本は魅力的に映るのだなという印象を受けました。プネは日本の岡山県や名古屋市と姉妹都市関係を結んでいることもあって日本語教育が盛んですから、なおさら日本で働くことに前向きなのだろうと思います。そういった感覚を得られたのはよかったですね。

ただ、当社が欲しい「日本語力とITスキルのある人」とはほとんど出会えませんでした。ターゲット人材にエントリーしてもらうためには、当社のことをきちんと発信する必要がありますから、単発で参加するというよりはある程度長期的な視点でみていく必要があるのかもしれません。

今はインド人がアメリカで就職する道はほぼ閉ざされてしまっています

ので、そういった意味では人材を確保するうえでインドは有望なマーケットだと感じています。ただ、国を限定するのではなく、ダイバーシティを意識してさまざまな国から採用していきたいですね。

――日本語力はどの程度重視していますか。

基本的には日本語と英語の双方を求めています。プログラミングをするだけであれば日本語ができなくても問題はないのですが、コンサルティングを行う場合は日本人のクライアントとのコミュニケーションが発生しますから、どうしても日本語力が必要です。選考の際、簡単なテーマを与え、それについて記述するペーパーテストを行うことで、日本語レベルを見極める参考にしています。

「まだまだ日本は魅力的に映るのだな」と実感したインドでのジョブフェア。

とはいえ、最近では日本語ができない人材も試験的に採用し始めています。英語を話せる社員もいますので、社内のコミュニケーションは100％日本語というわけでもありません。英語で仕事をしてもらいつつ、日本語の勉強をサポートする。そういったやり方でどの程度通用するものなのかをみながら、求める日本語レベルもそのつど見直していければと思っています。

――外国人材と日本人、選考の際にどのような違いがあると思いますか。

国籍を問わず、私は最終面接で全候補者と接していますが、当然人によるところが大きいです。ただ、強いていうのであれば、少なくとも採用段階においては外国人材のほうがモチベーションが高く、情熱的な傾向にあるように感じます。これは国民性というよりは、「海外で働こうとしている時点で前向きな一歩を踏み出している」という個人の資質の違いが影響していると考えています。

――外国人材の採用を行ったことで会社に生じた変化について教えてください。

外国人材の採用を再開してからまだ数年ですが、雰囲気は変わってきているかもしれないですね。2018年にアメリカの会社を買収し、東京のオフィスにも外国人材が増えています。社内の全体会や飲み会も明らかに雰囲気が変わりつつありますし、社員にもグローバル化してきている感覚はあると思います。

一方で、外国人材がどれだけ長く当社で働いてくれるのか、そのためにどういったフォローアップをしていくべきなのかというのは、これから考えていかなければいけません。現状は文化や宗教上の違いによるトラブルは特にありませんが、今後何らかの対応が必要になるかもしれませんし、制度の面でもやはり日本は特殊です。たとえば賃金カーブをみても、働き盛りの若いうちに頑張ってお金を稼ぐ海外の枠組みと、年功序列で年齢を重ねるごとに賃金が上がっていく日本の枠組みは全く違う。「日本の会社だから日本流のままでよいのか」ということは課題ですし、違いをどう考えて対応していくのかは検討していく必要があると考えています。

――今後外国人材が増えていく中で、既存社員に期待することはありますか。

日本にいながら異文化と触れられる機会なので、外国人社員と積極的にコミュニケーションをとってほしいですね。2019年の新人研修終了後に「外国人社員との意思疎通にギャップを感じた」といった感想を耳にしましたが、そのような体験がいざ世界に飛び出して行こうとしたときにプラスとなるはずです。また、多言語を使える人がいることによって情報収集力は増しますので、さまざまな国の情報を仕入れてほしいとも思います。多様な考え方があることを感じられる環境に変わっていくことで、異なるバックグラウンドをもつ外国人材から刺激を受けて、社員の視野が広がっていくことを期待しています。外国人材の積極性や情熱が既存社員に伝播することで、ポジティブな文化が醸成できるとよいですね。

第６　株式会社モリタアンドカンパニー

（会社情報）
所 在 地　愛知県小牧市
社 員 数　78人（2019年４月１日現在）
事業内容　ばね製造機械等の設計・製造販売、工業製品の輸入販売　ほか

取締役技術部・製造部管掌の谷口昌也氏、管理部の山本祐司氏にお話をうかがった。

――外国人材の採用に取り組み始めた理由について教えてください。

谷口：理工系の日本人学生がなかなか採用できなくなってきたからです。これまでは毎年年間10人程度と面接できていましたが、ここ数年は突然応募が減ってしまいました。

山本：2019年の会社説明会では、日本人の技術系学生の参加者はゼロでした。応募者を集めるために予算を増やしても、それは他社も同じことです。世の中全体で日本人学生が採用しづらくなっている中で応募が増やせ

ず、2017年から技術部門で外国人材の採用を始めました。

谷口：外国人材の雇用に対する問題意識は５～６年前からあり、実際に留学生の方と面接をしたこともありました。日本語がある程度できる方々ではあったものの、それでも時には英語で会話をしなければいけないこともあって腰が引けてしまいましたし、技能レベルがなかなか理解できなかったことにも戸惑いを感じていました。ただ、先述したとおりいよいよ日本人学生が採用できなくなってきて、そんなことを言っている場合ではない、ということになりました。切羽詰まって採用に踏み切ったイメージですね。

――外国人材の採用を始めるにあたって、最初に何をしましたか。

山本：最初はノウハウが全くなかったので、外国人材の採用サポートをしている業者と打合せをして、まずはターゲットを絞り込みました。親日の国や地域が受け入れやすいのではないかと考え、対象を台湾に定めて現地で開催された日本企業の合同面接会に参加しました。2017年、2018年の双方とも４人に内定を出して、２人が辞退、実際に入社したのが２人です。現在は合計４人の台湾出身の社員が働いています。

――日本人と外国人材の採用には、どのような違いがありますか。

谷口：日本人学生の面接と同じやり方では相手のことをチェックできないというのが、最も大きな違いだと感じています。そもそも書類選考の段階で学力がわからない。良い大学と聞いても、それがどのくらいのレベルなのかが判断できません。2017年に採用した２人と約１年一緒に働いてみて、「この大学だとこれくらいのレベルなのか」ということがようやくわかり始めたところです。

面接では通訳をつけて会話をしているのですが、日本と台湾の習慣が違うため、従来の定番の質問が成り立たないことも多いです。たとえば学生

同社社屋。確実性の高い外国人材の採用に予算を割くことで採用難を乗り越えている。

時代の部活動について聞いたときに日本人の場合は何かしらエピソードが出てくるものですが、台湾人の場合は部活動がないようで全く出てこない。どのように高校、大学時代をすごしたのかがイメージできないのです。「5 年後はどうなっていたいですか」と質問したところ「わかりません」という答えが返ってきたことにも驚きましたね。

結局、人物面に関しては「嫌な感じがしなければ採用する」こととし、ほかには素養を確認するために本人の好きなことやアピールポイントを徹底的に追求しています。たとえばパソコンの組み立てが好きという話があれば、やり方や好きな理由、かかる費用、搭載する OS など、細かなことを聞いていきます。それに答えられる人は物ごとにのめり込めるタイプだと思うのです。これは技術者に必要な素養ですし、当社のような小さな会社の場合、個性の強い人が集まったほうが特徴が出るということもあって、会社としては国籍問わずオタクっぽい人を雇いたいという思いがあります。

山本：2 度の外国人材の採用を経て最も気をつけていることは、「仕事内容が本人のやりたいこととマッチしているか」です。実際、大手企業から内定をもらっていた学生が「やりたい仕事内容だから」と当社を選んだ例がありました。大手企業の場合は配属や職務内容を入社前に明確に伝えることが難しいところもあると思いますが、当社の場合は、たとえば設計の仕事でも、部品なのか装置なのかといったところまで具体的に伝えられます。海外ではジョブ型採用が一般的だといわれますが、当社もその方向性で採用をしています。

谷口：日本の大手企業も旧来の雇用体制から抜け出しつつあるものの、あくまで“徐々に”ですよね。その点当社は順応が早いので、外国人材にも定年まで働いてもらえるとは思っていないのです。「最低３年は働いてほしいけれど、運良く当社とマッチして５年、10年と在籍してくれたらラッキー」くらいの感覚です。面接の時点で将来国に戻って起業したいという話があれば、「それならうちで日本の技術を覚えて帰ればよい」と伝えますし、その際もしも当社の仕事の一部をやりたいという話があれば支援したい。そのような気持ちで外国人材の採用をしています。大手企業がこのようなスタンスで採用を行うのは厳しいと思いますので、そこは差別化になるのではないかと思っています。

山本：面接の場では「ずっと働きたいか」という意思ではなく、「どのくらい在籍してくれるのか」を確かめたいと思っています。たとえそれが５年であっても、当社としてはそれで問題ないということを伝えているので、そこは候補者の安心感につながっているかもしれません。

谷口：当社には外国人材はまだ４人しかいませんが、これが10人程度になったとき、その半数が10年残ってくれたらリターンとしては十分だと考えています。もちろん早期退職は避けたいですが、こればかりはどうしようもない。長くいてもらうことが難しいのであれば、最初から「この人は５年頑張ってくれればよい」と想定するしかありません。その結果６年いてくれたら１年分ラッキーですし、逆に10年いてほしいと高望みすると腹が立つわけです。

　また、「会社に在籍している間にどれだけ頑張ってくれるか」という視点で考えると同時に、早期退職を防ぐための対応として、今後は外国人材を多国化していきたいと考えています。同じ国の外国人材ばかりを採用してしまうと、その国のグループができてしまいますし、1人辞めたら芋づる式に全員が辞めてしまうリスクもありますから。

――日本語力についてはどの程度重視していますか。

谷口：日本語ができない人も採用しています。入社前は現地の日本語学校を手配し、入社後は学校と、家でのウェブ学習をサポートしていますので、「日本語学習のフォローはするから、自分ができる仕事をしっかりやって成果を残してほしい」と面接では伝えています。

　最初に採用した2人の場合、1人はほぼ日本語をマスターしており、もう1人はあまり話せなかったのですが、1年勉強したらコミュニケーションがとれるようになりました。翌年採用した2人は、入社10か月経った今もまだ日本語はたどたどしいですが、先輩の2人が中国語でカバーしてくれているので、今後全く日本語が話せない人が入社したとしても既存の外国人社員の力でどうにかなるのではないかと考えています。過去には「日本語ができなくても大丈夫だから応募した」という人もいたので、アピールポイントの一つになっているのではないかと思います。

――日本語ができない外国人材を受け入れたことで、言葉の面で課題を感じていることはありますか。

谷口：トラブルはないですが、課題ではあると思います。日本語がわかればより仕事はスムーズに進みますし、成長のスピードも早まるはずです。現状は教える側が日本語での説明しかできず、外国人材の性格や習慣に合った教え方もできていません。

　ただ、最終的には仕事のコミュニケーションは英語をベースにしたいと考えています。今いる台湾人社員も英語はできますし、外国人材の方は英語が話せる方が多いので、日本人社員が英語を話せればコミュニケーションの問題は解決します。仕事で使う単語やフレーズは限られていますから、慣れれば実現できるのではないかと思っています。

――外国人材を受け入れるにあたり、既存社員の理解や配慮が足りずにトラブルになるケースも耳にします。貴社の場合はいかがですか。

山本：全くないです。むしろ既存社員が外国人社員の面倒をみてくれているから受け入れがうまくいっていると思います。人事担当者だけで全員を継続的にみていくことは無理があるので、部署内で仲良くしてくれている社員の存在はありがたいですね。

もともと取引先や仕事の現場が海外であることも多く、既存社員も海外出張には頻繁に行っています。言葉が通じない環境で苦労をした経験があるからこそ、外国人社員への理解もあるように思います。当社では日本語を全く話せないベトナム人の技能実習生も受け入れているのですが、不思議と年配の現場社員と楽しそうにしているなど、言葉は通じていないのにコミュニケーションがとれている場面も目にしますね。

――受け入れの手続や宗教上の対応についてはいかがでしょうか。

山本：ビザと役所関係の手続は業者に依頼し、家探しは人事側で不動産の法人営業の方とやりとりして準備しています。既存の台湾出身の社員４人については特別な対応は必要ありませんでしたが、2019年11月に入社予定のインド人の方はベジタリアンです。食堂にベジタリアン向けのメニューはないものの、「自分で持参するので特別な配慮はいらない」と本人が言っていたのですぐに対応する予定はありませんが、いずれは整備していく必要があるとは思っています。

谷口：その他の宗教上の対応についても入社後に適宜調整していくことになると思います。お祈りに要した時間を休憩時間から引くなどすれば本人も周囲も納得がいくでしょうし、ルールさえきちんと決めて、皆にとって不公平がないようにすれば問題ないかと思います。われわれのお客さまの中には打合せ中、お祈りのために席を外す方もいらっしゃいましたし、海外の展示会にはお祈り用のスペースが準備されていることもあります。グローバルで考えれば、こういった対応をしていくことは自然なことなのかもしれません。

――外国人材の採用はビザや役所手続、日本語教育など、日本人の採用にはかからないコストが発生します。その点はどのように考えていますか。

谷口：トータルでみると採用費用はさほど変わりません。確実性の高い外国人材の採用に予算を割いています。外国人材の採用で最もよいのは、採りたい人数がきちんと確保できることです。外国人学生が日本で働こうと思ったときの選択肢はそれほど多くありません。だからこそ不確定要素が少なく、歩留まりが想定しやすいのです。現状は計画どおりに、われわれが求めている優秀な人材が確保できています。そうして採用した人に日本語習得のための教育費をあてる。そのうえでトータルコストは変わっていないので、効果としてはよいと思っています。

――最後に、外国人材の採用を行ったことで会社に生じた変化について教えてください。

谷口：おそらく変化していると思いますけれど、自然になじんでいるのであまりわからないですね。もしかしたら若い社員は外国人材と接することにそもそも抵抗がないのかもしれませんし、上の人間も優しいタイプが多いので、外国人だからといって避けるようなこともありません。日本人や外国人という分け方もしていませんし、そのような意識もないと思います。技術部門での外国人材の採用は始めたばかりですが、別の部門では以前から外国人材や日本に帰化した人が働いていますので、その影響もあるかもしれません。

山本：外国人社員の努力によるところも大きくて、たとえば日本語があまり話せない台湾出身の社員の場合、もともと人あたりがそんなに良いタイプではないと思うのですが、日本語を覚えるためにいろいろな人に積極的に話しかけていました。相当頑張っているのはみていて感じましたね。

谷口：もちろん仕事の不備に対して注意することはありますが、「外国人だから」とか「日本人と同じようにできないから」といった理由で不満に思う人はいません。本人の努力不足なのか、教えるほうに問題があるのか、それとも文化の違いなのか。できない理由がどこにあるのかというジャッジさえしっかりしておけば、国は関係ないと思っています。

第７　ＹＫＫ株式会社

(会社情報)
所 在 地　本社：東京都千代田区
　　　　　黒部事業所：富山県黒部市
社 員 数　４万6167人
　　　　　（ＹＫＫグループ全体。国内・海外含む。2019年３月31日現在）
事業内容　ファスニング商品、建材商品、ファスニング加工機械および建材加工機械等の製造・販売（ＹＫＫグループ全体）

人事部ファスニング人事グループ黒部人材開発チームの名津井翔汰氏と家令百合果氏にお話をうかがった。

――外国人材の採用に取り組み始めたのはいつ頃ですか。

名津井：理工系学生の確保が年々難しくなってきているのと、年齢や性別、国籍、学歴にかかわらず、多様なチャネルから採用していきたいと考えており、その切り口の一つとして、外国人材の採用を始めました。海外の大学生に対して採用活動を開始したのは2012年からで、毎年コンスタントに一定数を採用しています。

現状は日本と親和性の高いアジア地域出身の学生を中心に採用をしており、実績として多いのはマレーシア、インドネシア、近年ではインドの方も増えてきています。特にインドネシアにはＹＫＫグループの大きな工場があるので、興味をもっていただけるケースは多いようです。採用を始めて７年が経ちましたが、最近では当社の外国人社員の後輩が応募をしてくれることも増えました。

特にファスニング事業では、海外事業を展開していく中で、現地の工場や開発拠点でリーダーとなる人材を計画的に輩出していく必要があります。そのため、国籍にかかわらず、国内外で活躍できる人材を採用し、中核拠点である富山県黒部市の黒部事業所で育成し、海外へ輩出していきたいと考えています。いろいろな文化的背景をもつ人材を採用していくことで、各国の考え方に沿ったものづくりができるのではないかと期待しています。

――日本人と外国人材の採用には、どのような違いがありますか。

家令：基本的な選考の進め方は日本人と同じですが、採用時には「本当に日本で働きたいと思っているか」という点を特に確認しています。入社後には海外拠点で活躍してもらうことを期待していますが、その前に日本に腰を据えて技術・技能を身に付ける必要があるためです。また、日本に都

工場内に設けられたハラール食堂ではベジタリアンとハラールの食事に対応する。

会的なイメージを抱いていると富山の工場に来たときにギャップを感じてしまいかねないですから、黒部の環境について事前にお話をしています。

名津井：また、グローバルに活躍したいという志向があるかを重視しています。ＹＫＫグループは約70の国・地域に展開しており、海外で仕事をするチャンスが多くあります。母国で働きたいという方もおられると思いますが、どの国へ行っても活躍できる人材を採用したいと思っています。

――入社後、外国人材はどのようなキャリアパスを歩むのでしょうか。

名津井：日本人でも外国人でも、キャリアパスは同じです。入社後は双方とも同じ教育カリキュラムを受けていただき、「３年一人前」という考えの下、３年で技術者として一人前になることをめざす育成体系になっています。その計画に基づいて各職場で実務を通じたジョブトレーニングや、選抜制の１年間の海外研修などを通じて、自分の専門分野を深掘りし、入社５～６年目に海外赴任となる流れですね。

先日、日本で採用した外国人材の海外赴任第１号が誕生しました。ロールモデルが出てきたことで、後輩の外国人社員が将来のキャリアのイメージをもちやすくなり、定着につながることを期待しています。

――ジョブローテーションや終身雇用などは日本特有の制度ですが、外国人材からの反応はいかがですか。

名津井：長期間の雇用を望む方にご応募いただいています。面接でも「海外企業だと基礎教育がなくすぐに現場に入ることが多いけれど、日本は研修制度がしっかりしているのがよい」という声が多いです。長期雇用だからこそしっかり教育を受け、その後自分のやりたい分野に挑戦できることを、むしろメリットに感じてくれている印象です。

また、当社のものづくりの特徴である「一貫生産」に興味をもっていただくことも多く、自分の専門分野を軸に幅広い分野にチャレンジしたいというジェネラリスト寄りの考えをもつ外国人材が集まりやすいということもあります。材料から製造設備、製品までを自社で開発・生産する「一貫生産」を実現しているからこそ、いろいろな技術領域に携わりながら自身のアイデアを世界中の工場に展開することができます。このことが、技術者としての面白み・やりがいにつながっています。

――日本語力はいかがでしょうか。

名津井：採用時点での日本語力は求めていません。英語で一定以上のコミュニケーションがとれることは条件になりますが、日本語は採用後教育でカバーしています。具体的には準備期間として入社３か月前に来日してもらい、会話を中心とした日本語を学ぶ授業を受けていただきます。最低限、日本語に抵抗がない程度のレベルまで引き上げることをめざしています。

入社後は日本人と同じ研修を日本語で受けていただきますが、同期の新入社員の中には英語を話せる日本人も多くいますので、同期同士でフォローすることで、理解度の底上げだけでなく日本人の新入社員も含めた人間関係を構築できる効果もあるのではないかと思います。

――日本語ができないことによってトラブルになることはないですか。

名津井：専門用語が多いので、時に言葉がわからず業務に支障が出てしまうケースはあるものの、全く仕事が進まないといったことはないですね。選考の段階では英語でのコミュニケーションなので、日本語中心の職場環境は本人にとってギャップがあると思いますし、フォローアップが必要な部分もあります。しかしながら、当社には海外経験のある社員が多く、外国人社員とコミュニケーションをとることにそれほど抵抗はないので、その点では助かっています。

――受け入れにあたってはどのような対応をしていますか。

名津井：ビザの申請手続は外部へアウトソースしていますが、役所・銀行での諸手続や生活物資の調達などは来日時にわれわれがサポートしています。住居に関しては日本人の新入社員と同じ社有寮に入居しています。

――宗教上の対応についてはいかがでしょうか。

家令：2017年には工場内に日本イスラーム文化センターより「ハラール認証」を取得したハラール食堂を設け、ベジタリアンとハラールに対応した食事を提供しています。海外拠点で勤務する外国人材を日本で育成するにあたっての環境整備の一環です。工場外にも当社が運営するハラール認証を取得したレストランがあり、こちらは社員だけでなく、一般の方もご利用いただくことができます。

名津井：プレイヤールームも設けています。勤務時間は従業員一律ですので、休憩時間を少しずらしてお祈りの時間にあてるなど、そこは各職場の上長と本人が相談のうえで決めてもらっています。

――外国人材の採用を進めていくにあたり、今後の課題は何ですか。

名津井：ツール面の整理ですね。当初は、社内の説明資料や各種手続関係の書類は日本語表記のものが多く、日本語で説明されてもわからないという相談を受けたこともあり、現在は入社時に必要な書類から随時、英語版の作成を進めています 。

　また、結婚した場合の対応なども整備する必要があると思っています。人事規定自体が日本人社員ベースでつくられていますので、外国人材を受け入れていくうえで今のしくみのままでよいのかということは会社としての課題です。

――最後に、外国人材の採用を行ったことで会社に生じた変化について教えてください。

家令：外国人材の存在が職場全体の刺激になっています。積極的に意見を言ってくれる方が多いので、面白いアイデアが出てきたり、フットワーク軽く動いてくれたりと、職場の活性化につながっています。会社をより良くしていくための新たな気づきを得られるのは、外国人材採用の良い影響だと思います。「すごく良い人材を採用してくれた」と社員から言われることも多々あります。

名津井：全く日本語ができない状況でゆかりのない日本に１人で来て、１～２年で日本語を習得し、スムーズに仕事を行うようになる。そんな外国人社員の姿をみて、刺激を受けている日本人社員がたくさん出てきています。いろいろな国籍の方がより切磋琢磨できる環境をつくり出していきたいです。

Chapter Ⅶ

第７章　アンケートにみる外国人材

現在日本で働いている外国人材200人にアンケートを実施した。ここではその結果をみていこう。

アンケートは、2019年10月に実施されたものであり、回答者は、主にアジア各国のトップ大学の卒業生である。現在は、メーカー、IT、コンサルティング、外資系企業など、さまざまな日本企業で働いている外国人材である。

第１　来日前後の日本語レベルの変化

来日前の日本語能力試験（JLPT）のレベルについては、35.5％が「もっていない」と回答している。試験を受けていないだけで日本語ができる人もいると考えられるが、日本での就業を希望している日本語学習者は試験を受けるのが一般的であるため、35.5％の「もっていない」のほとんどの人は「日本語ができない人」であると推測される。また、日常会話が可能なレベルであるN3に達していないN4、N5は合計18.5％となっている。資格をもっていない人と合わせて、日本語ができるとはいいがたい人が54％を占めている。

一方、来日後の日本語レベルに目を向けてみると、来日してからの期間は異なるものの、ニュースが理解できるレベルであるN1、N2の合計は60％に達している。日常会話が困難であるとみられるN4、N5、資格をもっていない人の合計は54％から約25％まで減少しており、就職後、確実に日本語力を向上させていることがみてとれる。

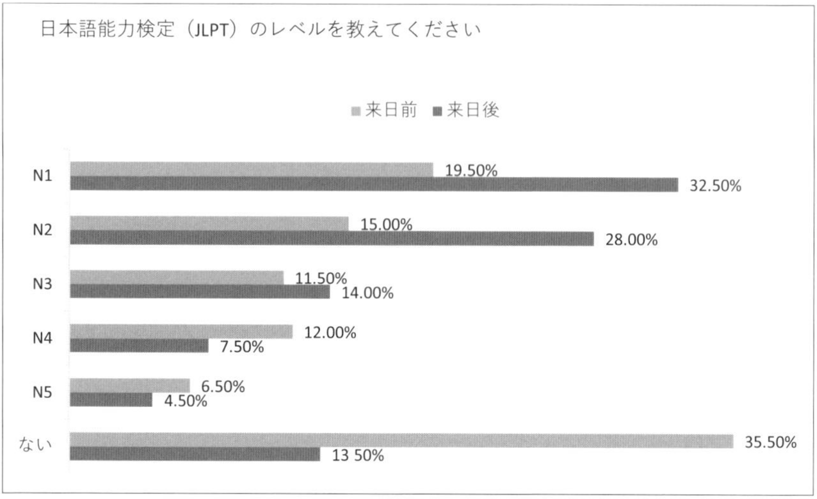

【N1】幅広い場面で使われる日本語を理解することができる

【N2】日常的な場面で使われる日本語の理解に加え、より幅広い場面で使われる日本語をある程度理解することができる

【N3】日常的な場面で使われる日本語をある程度理解することができる

【N4】基本的な日本語を理解することができる

【N5】基本的な日本語をある程度理解することができる

※日本語能力試験（JLPT）は筆記のみだが、試験結果と会話力はおおむね一致する。ただし漢字になじみのある中華系人材の結果は実際の日本語力より高く出る傾向にあり、会話力とレベルが一致しないこともある。

第２　日本で働きたい理由

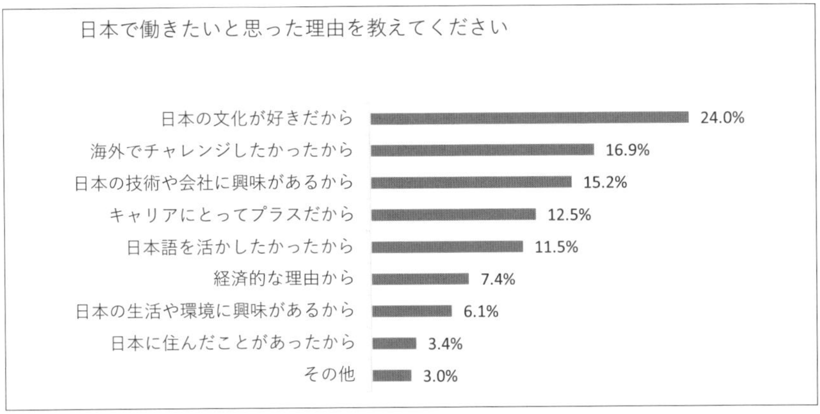

外国人材が日本での就業を希望する理由を「母国と比べて日本の給与水準が高いから」だと思っている人は多い。だが、実際のアンケート結果によると「経済的な理由から」を選んだのはわずか7.4％となっている。最も多いのは「日本の文化が好きだから」（24.0％）である。実際に外国人材と接していても、日本自体への興味から「日本に住みたい」と考え、日本での就業を希望する人は非常に多い。

つまり「日本で働きたい理由＝住みたい理由」であり、この齟齬が外国人材を採用したい日本企業にコミュニケーションギャップを生んでいる。「日本の技術や会社に興味があるから」（15.2％）や「キャリアにとってプラスだから」（12.5％）を選んだ人ももちろんいるが、それ以上に「日本の文化が好きだから」（24.0％）が日本での就業を希望する理由になっていることを理解しておきたい。外国人材も面接を受ける以上はその会社について調べ、理解する努力をすべきではあるが、よほどの有名企業でない限り、会社や仕事内容に惹かれて応募をする外国人材はほとんどいないと思ったほうがよいだろう。

「キャリアにとってプラスだから」（12.5%）に関しては、技術などのスキルアップのほか、国によっては母国に戻った時、日本での就業経験がプラスになるケースがある。アジア各国ではマネジメント層の人材が不足しているため、日本で一定期間の就業経験がある外国人材は各国の日系企業の現地法人から引く手数多である。転職の選択肢が増え、さらに日本と同じ水準の給与を得ながら物価の低い母国での暮らしを送ることができる。

第３　仕事で苦労したこと

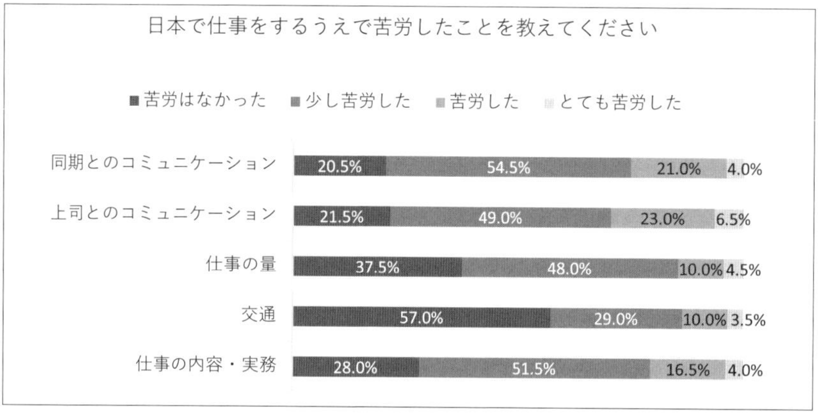

「日本で仕事をするうえで苦労したことを教えてください」という質問に対しては、やはりコミュニケーションの面で苦労していることがみてとれる。日本人の場合は部活やサークルなどのコミュニティーでの経験を通じて、暗黙の“なんとなく共通のコミュニケーション方法”を学んでいる。しかし、これは当然、外国人材には通用しない。海外や外国人材に慣れていない人にとって外国人社員は、「空気が読めない」「何かが違う」といった存在になってしまいがちである。

「とても苦労した」の割合が最も多かった「上司とのコミュニケーション」に関しても同様で、外国人材は報・連・相といった日本の仕事の様式を当然知らない。本来であれば「日本人とは違う」という前提で丁寧に説明し、仕事の依頼や指示の仕方を工夫する必要があるが、そもそものコミュニケーションのとり方がわからずに上司が外国人社員への指導を諦めてしまうケースもある。

外国人材に業務で活躍してもらうことは、ただ業績を上げるだけでなく、会社のダイバーシティ推進やグローバリズム醸成の一助ともなる。その前提を人事担当部署は全社に共有し、外国人材受け入れ前に「本人と出身国に関する社内共有」を行うなど、上司や現場メンバーへの理解を促したい。そうした施策を実行したうえで、入社後は定期的に外国人社員と面談を行うなど、地道に改善をしていくしかないだろう。そうして蓄積された知見を属人化させることなく、人事担当部署内や会社全体に共有することで外国人社員が定着することにつながる。

第４　生活で苦労したこと

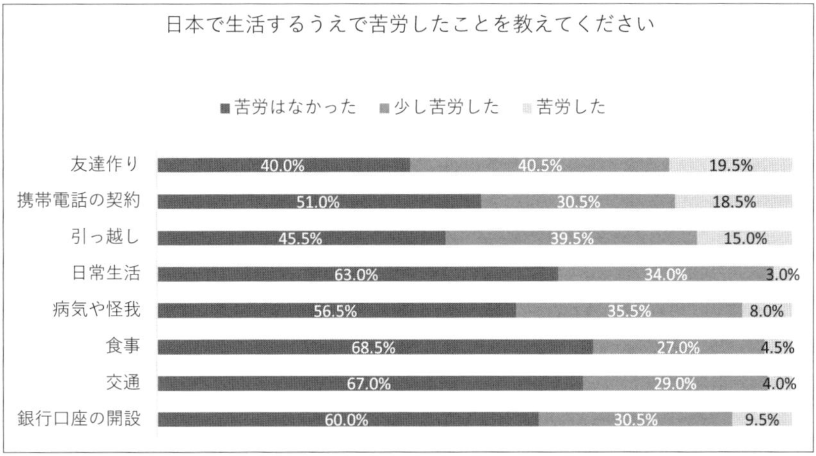

生活面で苦労したことについては、「苦労はなかった」に回答が集まった。思いのほか、普段の生活で苦労を感じている人は少ないようである。

「苦労した」の割合が大きかったのは「友達作り」「携帯電話の契約」「引っ越し」の３つである。引っ越しと携帯電話の契約に関しては、外国人が賃貸物件を探す難易度は高く、携帯電話を契約するには住民票を取得して銀行口座を開設し、クレジットカードをつくる必要があるなど、手続が煩雑であることが理由として大きいだろう。この２点に関しては第３章の来日後のToDo（67頁）を参照のうえ、サポートすることが外国人社員の安心感を高めることにつながる。

「友達作り」についてもできる限りケアをしたい。海外では一人暮らしをする習慣がない地域が多く、１人で休日をすごすことに慣れていない外国人材が少なくない。日本人の感覚よりも寂しさや孤独を感じているケースがあることは念頭においておきたいところである。部署のメンバーや外国人材をサポートするメンター（69頁）、あるいは社内の部活動など、外国人社員と他の社員の距離を縮める工夫をすることで、就業中のみならず休日も含め、孤独にさせない対応ができると理想的である。

第５　まとめ―日本で働いた感想

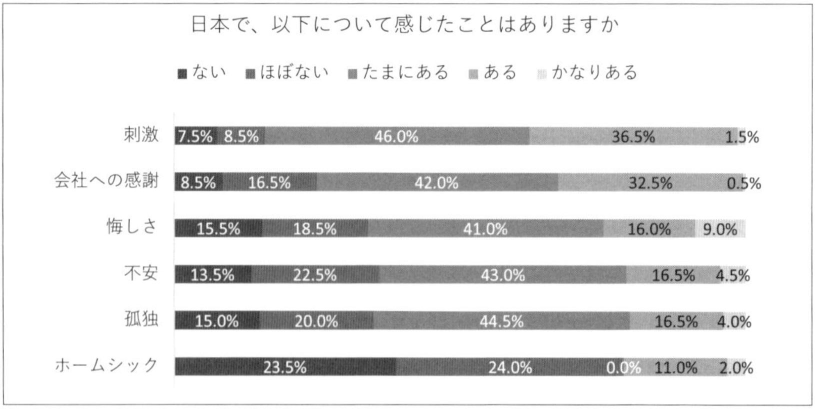

日本での仕事と生活について、満足度は10点満点中何点ですか。

10点	9点	8点	7点	6点	5点	4点	3点	2点	1点
8.5%	13.0%	33.0%	23.5%	11.5%	6.0%	2.5%	1.5%	0.5%	0.0%

日本で働いた感想については、「刺激」や「会社への感謝」を感じている人が多かった。日本での生活および仕事への満足度を10段階で評価してもらったところ「8」「7」と評価した人が多く、満足していることがうかがえる。

これまでに多くの外国人材と接してきた印象からも、日本国内で転職することはあっても、日本への不満から母国に帰ることはほとんどない。日本企業には、自信をもって外国人材を受け入れてほしい。そして外国人社員との対話を重ねながら社内の環境や制度を整え、各社にとっての“良い形”を模索していくことが何よりも重要といえる。

資　料　編

【資料1】アンケート回答者（国・地域）

国籍	人数	割合
中国	33	16.50%
フィリピン	26	13.00%
インド	25	12.50%
米国	24	12.00%
シンガポール	19	9.50%
マレーシア	14	7.00%
ベトナム	7	3.50%
ミャンマー	7	3.50%
オーストラリア	5	2.50%
台湾	5	2.50%
インドネシア	4	2.00%
タイ	4	2.00%
ニュージーランド	4	2.00%
バングラデシュ	4	2.00%
イギリス	4	2.00%
韓国	3	1.50%
ウズベキスタン	2	1.00%
香港	2	1.00%
その他	8	4.00%
合計	200	100.00%

【資料2】アンケート回答者（年齢）

年齢	人数	割合
20 ~ 25 歳	89	44.50%
26 歳~	111	55.50%
合計	200	100.00%

【資料 3】アンケート回答者（卒業した大学）

卒業した大学	国・地域	人数	割合
北京大学	中国	17	8.50%
Savitribai Phule Pune University	インド	13	6.50%
立命館アジア太平洋大学	日本	12	6.00%
University of the Philippines	フィリピン	10	5.00%
National University of Singapore	シンガポール	8	4.00%
Nanyang Technological University	シンガポール	7	3.50%
早稲田大学	日本	5	2.50%
Pune University	インド	4	2.00%
東京大学	日本	4	2.00%
Chulalongkorn University	タイ	3	1.50%
慶應義塾大学	日本	3	1.50%
名古屋大学	日本	3	1.50%
University of Malaya	マレーシア	3	1.50%
University of Technology Malaysia	マレーシア	3	1.50%
Thanlyin Technological University	ミャンマー	3	1.50%
北京大学大学院	中国	3	1.50%
Indian Institute of Technology Madras	インド	2	1.00%
Singapore Management University	シンガポール	2	1.00%
東海大学	日本	2	1.00%
University of Auckland	ニュージーランド	2	1.00%
Ateneo de Manila University	フィリピン	2	1.00%
Mindanao Kokusai Daigaku	フィリピン	2	1.00%
Ho Chi Minh City University of Technology	ベトナム	2	1.00%
Myanmar Maritime University	ミャンマー	2	1.00%
Technological University (Hmawbi)	ミャンマー	2	1.00%
University of Washington	米国	2	1.00%
Anna University	インド	1	0.50%
Indian Institution of Industrial Engineering	インド	1	0.50%
M.Kumarasamy College of Engineering	インド	1	0.50%
University of Delhi	インド	1	0.50%

West Bengal University Of Technology	インド	1	0.50%
Bina Nusantara	インドネシア	1	0.50%
Gadjah Mada	インドネシア	1	0.50%
Griffith University	オーストラリア	1	0.50%
Macquarie University	オーストラリア	1	0.50%
Monash University	オーストラリア	1	0.50%
University of Southern Queensland	オーストラリア	1	0.50%
University of Sydney	オーストラリア	1	0.50%
University of Toronto	カナダ	1	0.50%
University of London	シンガポール	1	0.50%
Others	その他	1	0.50%
Birmingham City University	トリニダード・トバゴ	1	0.50%
Seibi	日本	1	0.50%
京都大学	日本	1	0.50%
京都造形芸術大学	日本	1	0.50%
三重大学	日本	1	0.50%
大原医療福祉製菓梅田校専門学校	日本	1	0.50%
拓殖大学	日本	1	0.50%
東京都市大学	日本	1	0.50%
Massey University	ニュージーランド	1	0.50%
University of Otago	ニュージーランド	1	0.50%
University of Life Sciences	ノルウェー	1	0.50%
Bataan Peninsula State University	フィリピン	1	0.50%
Centro Escolar University	フィリピン	1	0.50%
Far Eastern University	フィリピン	1	0.50%
Japan School of Advance Technology	フィリピン	1	0.50%
Mindanao State University	フィリピン	1	0.50%
Philippine Women's College of Davao	フィリピン	1	0.50%
STI College	フィリピン	1	0.50%
University of Cebu	フィリピン	1	0.50%
University of San Jose-Recoletos	フィリピン	1	0.50%
West Visayas State University	フィリピン	1	0.50%

Banking University of Ho Chi Minh City	ベトナム	1	0.50%
FPT University	ベトナム	1	0.50%
Hanoi University	ベトナム	1	0.50%
Tun Hussein Onn University of Malaysia	マレーシア	1	0.50%
Universiti Putra Malaysia	マレーシア	1	0.50%
University of Science Malaysia	マレーシア	1	0.50%
University of South Australia	マレーシア	1	0.50%
Temple University	イギリス	1	0.50%
University for the Creative Arts	イギリス	1	0.50%
University of Edinburgh	イギリス	1	0.50%
University of Northampton	イギリス	1	0.50%
Konkuk University	韓国	1	0.50%
Chinese University of Hong Kong	香港	1	0.50%
Hong Kong University of Science and Technology	香港	1	0.50%
University of Hong Kong	香港	1	0.50%
国立台湾大学	台湾	1	0.50%
Dalian University of Technology	中国	1	0.50%
天津大学	中国	1	0.50%
復旦大学	中国	1	0.50%
北京科技大学	中国	1	0.50%
辽宁大学	中国	1	0.50%
University of Pretoria	南アフリカ	1	0.50%
Aurora University	米国	1	0.50%
Ball State University	米国	1	0.50%
Bowdoin College	米国	1	0.50%
Brandeis University	米国	1	0.50%
Central Washington University	米国	1	0.50%
Georgetown University	米国	1	0.50%
Grand Valley State University	米国	1	0.50%
Hendrix College	米国	1	0.50%
Mount Holyoke College	米国	1	0.50%
Portland State University	米国	1	0.50%

Rice University	米国	1	0.50%
Roanoke College	米国	1	0.50%
the College of William & Mary	米国	1	0.50%
University of Alabama at Birmingham	米国	1	0.50%
University of California, Davis	米国	1	0.50%
University of Denver	米国	1	0.50%
University of Massachusetts Amherst	米国	1	0.50%
University of Michigan	米国	1	0.50%
University of Virginia	米国	1	0.50%
Western Washington University	米国	1	0.50%
Willamette University	米国	1	0.50%
合計		200	100.00%

【資料4】アンケート回答者（就職先地域）

就職先地域	人数	割合
東京都	132	66.00%
神奈川県	18	9.00%
大阪府	9	4.50%
静岡県	8	4.00%
愛知県	6	3.00%
栃木県	4	2.00%
兵庫県	4	2.00%
茨城県	3	1.50%
京都府	3	1.50%
埼玉県	3	1.50%
滋賀県	2	1.00%
千葉県	2	1.00%
富山県	2	1.00%
岡山県	1	0.50%
山梨県	1	0.50%
大分県	1	0.50%
福島県	1	0.50%
	200	100.00%

【資料 5】来日前後の日本語レベルの変化

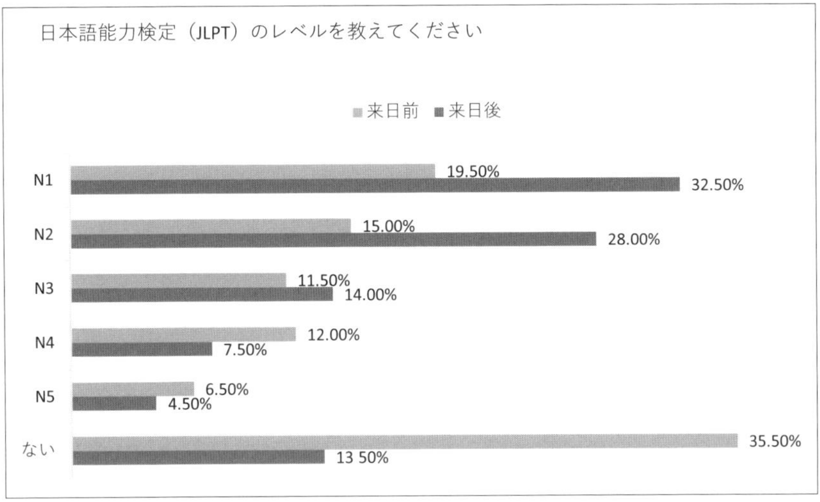

【N1】幅広い場面で使われる日本語を理解することができる
【N2】日常的な場面で使われる日本語の理解に加え、より幅広い場面で使われる日本語をある程度理解することができる
【N3】日常的な場面で使われる日本語をある程度理解することができる
【N4】基本的な日本語を理解することができる
【N5】基本的な日本語をある程度理解することができる

【資料 6】日本語レベルの上達状況（人数）

来日後 来日前	ない	N5	N4	N3	N2	N1	上達率
ない	27	6	5	6	16	10	61.43%
N5	0	3	4	2	3	1	76.92%
N4	0	0	6	11	8	0	76.00%
N3	0	0	0	9	11	3	60.87%
N2	0	0	0	0	18	12	40.00%
N1	0	0	0	0	0	39	—

【資料7】日本語レベルの上達期間（月単位）

来日後 来日前	ない	N5	N4	N3	N2	N1
ない	16.6	25.5	28.3	41.0	38.3	65.2
N5	0	12.0	14.8	41.5	31.0	85.0
N4	0	0	21.0	24.2	23.1	N/A
N3	0	0	0	9.2	17.3	48.0
N2	0	0	0	0	12.4	46.1
N1	0	0	0	0	0	33.7

【資料8】日本で働きたい理由

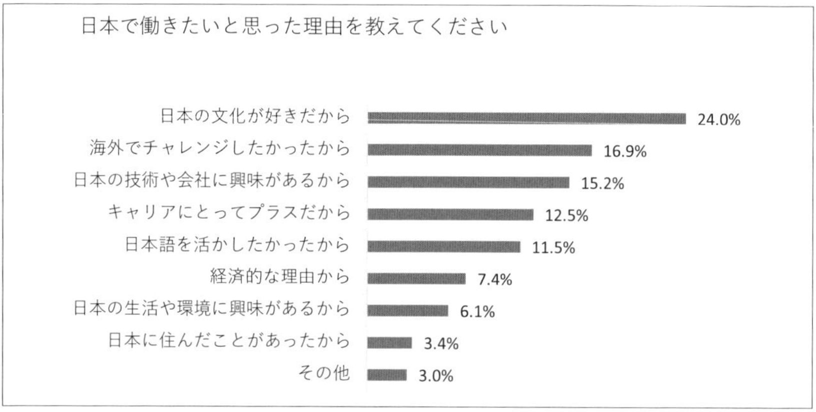

【資料9】日本に来て仕事で苦労したこと

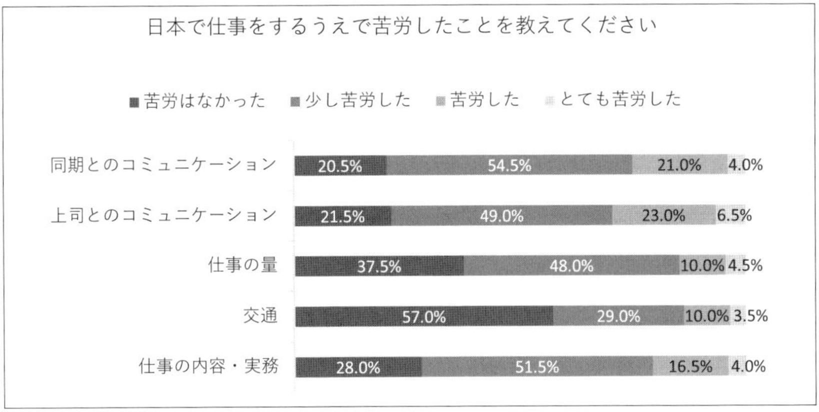

【資料10】日本に来て生活で苦労したこと

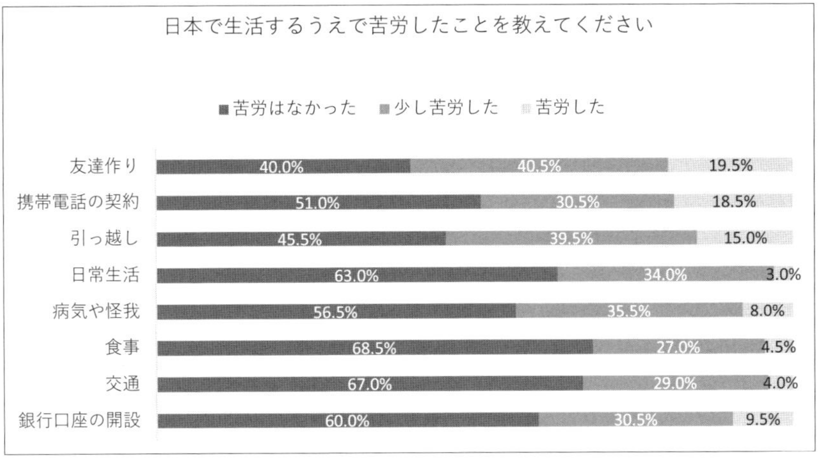

【資料11】日本で働き始めて感じたこと

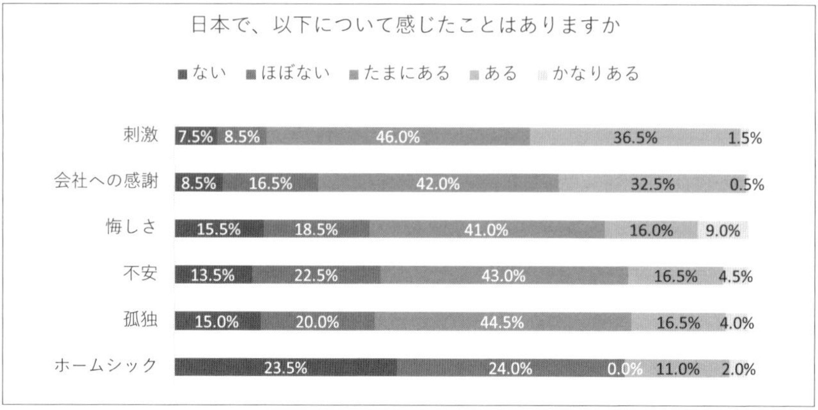

【資料12】日本での仕事や生活の満足度（10点満点）

日本での仕事と生活について、満足度は10点満点中何点ですか。

10点	9点	8点	7点	6点	5点	4点	3点	2点	1点
8.5%	13.0%	33.0%	23.5%	11.5%	6.0%	2.5%	1.5%	0.5%	0.0%

【資料13】日本での滞在期間と満足度

滞在期間（か月）	人数	満足度
～6	37	7.54
～12	27	7.67
～18	31	7.90
～24	16	7.06
～30	20	7.05
～36	8	7.75
～42	8	7.25
～48	5	7.80
～54	17	7.65
～60	5	5.60
60～	26	7.23

※滞在18か月で最も高まり、その後低くなり、36か月で再度高まっている。

【アンケート概要】

アンケート実施時期：2019 年 10 月

回答者：ASIA to JAPAN を通じてオファーを得た人とその友人で、現在日本で働いている外国人

回答者数：200 人

監修にあたって

本書の企画を発案したのは株式会社ASIA to JAPANの代表取締役である三瓶雅人氏である。私が三瓶さんと出会ったのは、私がベトナム・ハノイ市に所在するハノイ法科大学で教鞭をとっていたときであった。三瓶さんは、日本の人材関連の企業に所属していたのだが、日本の人材関連の事業者がベトナムまでリクルートに来るのかと思い、非常に驚いたことが記憶にある。

2015年6月から2017年8月までのハノイ法科大学での任期を終え、日本に戻り弁護士業務に復帰したところ、ベトナムでの経験からか、外国人材についての法務・労務を中心に仕事をするようになった。今では業務の90%が外国人材の受け入れに関する法務・労務である。

外国人材の受け入れは、法律上の制度だけを見ても複雑で理解することが難しい。そして、それに加えて各国の卒業時期や就職に関する実務慣行まで合わせて考えると、非常にわかりにくい分野だと思う。

本書はそういった「わかりにくさ」を解消することに、少しでもお役に立てたらという思いで執筆されている。そのため、外国人材の採用に関する実務、出入国関係法令・労働関係法令等の法的制度に加えて、すでに外国人材を採用している企業の事例も紹介しており、制度だけではない明文化されにくい「実際」についても解説している。

私がこのように外国人材の法務・労務にかかわり、採用を積極的に提案するのには理由がある。私は、2年間、ベトナムの国立大学で大学の講師をしていた。そのため、特に東南アジアからの外国人材は、姿が教え子と重なる。そして、多くの教え子は、日本や日本の企業で働くことを希望する。すると、やはり自然に、希望どおり日本や日本の企業で働いてほしいと思う。そして、働くのであれば、外国人材にとって望ましい職場で働いてほしいと思うし、望ましい職場を増やしたいと思っている。これが、私が外国人材の法務・労務にかかわる一番の動機だ。

この教え子の顔が見えるという点で、私と三瓶さんは共通している。株式会社 ASIA to JAPAN はインドやタイを始めとする各国の大学に日本語課程を設置し、日本語課程で学んだ人材を日本の企業に紹介することを事業の一つとしている。三瓶さんが、以前、自分の会社の職業紹介事業のことを“ドライ”な職業紹介ではなく紹介する人の顔が見える“ウェット”な職業紹介事業だと評していたことが記憶に残っている。

本書は、今まさに増えようとしている外国人材、特に高度人材について、このような強い思いを持ち実務にあたっている関係者が、実際の現場で悪戦苦闘していることも含めて文字にしたものである。本書が、皆様が直面する課題の解決に、少しでもお役に立てたなら幸いである。

2020年5月

弁護士　杉田　昌平

監修者紹介

杉田　昌平（すぎた　しょうへい）

弁護士（センチュリー法律事務所）

2011年弁護士登録（東京弁護士会）、入管届出済弁護士（2013年～）、社会保険労務士（2017年～）、日本弁護士連合会中小企業海外展開支援担当弁護士（2018年～）、慶應義塾大学法科大学院・グローバル法研究所特任講師、名古屋大学大学院法学研究科学術研究員。

アンダーソン・毛利・友常法律事務所、名古屋大学大学院法学研究科日本法教育研究センターベトナム（ハノイ法科大学内）、ハノイ法科大学客員研究員等を経て現職。

外国人材受け入れに関する入管手続、労務手続、制度設計、M&A・組織再編、危機管理対応、紛争対応等を主として業務を行う。並行して外国人材の受け入れに関する講演・研修を多数行っている。

主な著書として、『改正入管法関連完全対応　法務・労務のプロのための外国人雇用実務ポイント』（ぎょうせい、2019年）、『外国人材受入れガイドブック』（ぎょうせい、2019年）等がある。

編者紹介

～株式会社 ASIA to JAPAN とその取組み～

■きっかけから、活躍まで

世界に出て活躍したいと思う海外の若者にとって、充実した就業環境をもつ日本は魅力的な存在になり得ます。しかし、その一方で言語や慣習の違いからポテンシャルある学生がチャンスを得られていないという実態があります。このギャップを解消したいとの思いをもち、ASIA to JAPAN を 2017 年２月に創業しました。

ASIA to JAPAN では、アジアの主要大学と提携し「大学内での無料の日本語授業」を展開。学生への日本企業就職のきっかけを提供しています。その取組みは 2020 年３月現在で８か国１地域の 18 大学まで拡がっています。

■海外トップクラスの大学生と日本で面接する

海外の大学生の採用を考えた際、まず思いつくのは、どこかの国へ訪れその国の大学で行われる就職イベントに参加する、企業独自の選考会を開催する、といったことかと思います。採用したい国が明確な場合は有効な手段となりますが、より多様な国の学生を対象にしたいと考えた際には、海外採用を専門に行うチームを設けるなど、大きな仕掛けが必要となってきます。

ASIA to JAPAN では、前述した海外における「大学内での日本語授業」と、日本企業への就職を希望する学生を「日本へ無料で招待」し「日本で面接」を行う取組みをひとつにした“ Study Go Work JAPAN ”というプログラムを運営しています。

この Study Go Work JAPAN 最大の特徴は、各国のさまざまな大学の優秀な学生を日本にいながら面接できるという効率性です。採用を考える企業にとっては、必要となる専門性と日本語レベルを両立できるほか、海外へ赴くための準備や工数を省ける分、選考に集中できるといったメリットが生じます。

海外の大学生を採用しようとする際、最も多くあがる不安の声が「受け入れの体制」「入社後の定着」についてですが、ASIA to JAPAN は、日本での面接機会を設けることでお互いの見極めが可能になり、不安解消の第一歩になると考えています。

海外からの学生招へいは月 1 回のペースで行っており、最近では現地とつなぎオンライン面接も実施することで、対象となる学生を増やしています。

■入社までの学生フォローアップ

ASIA to JAPAN では、採用が決定した学生に対する日本語ブラッシュアップの機会を提供しています。海外大学卒の外国人学生がぶつかる壁は、「学生から社会人になるという立場の変化」「自国から日本への生活の変化」「母国語から日本語になるという言語の変化」の主に 3 つになります。このうち、入社前に対策がとれるのは「言語の変化」です。日本語の能力を高めておくことは、来日後の壁を乗り越えるための事前対策として重要な意味合いをもちます。

ASIA to JAPAN では、各国の大学内で展開する「日本語学習」の場を使い「内定者向けの継続的な日本語学習プラン」を用意しています。また、2020 年 2 月からは、新たにアジア各国の学生をマレーシアのジョホールバルにあるマレーシア工科大学のキャンパスに集め 1 か月間、日本語だけで生活を送る「日本語合宿 in マレーシア」をスタートしました。

日本企業への入社を控えた学生が一堂に会し切磋琢磨する場であるとともに、同じタイミングに日本で働き始める仲間（会社を超えた同期）をつくる効果も果たします。

■在留資格認定申請（就労ビザ）の取得

海外の大学を卒業し、日本で働く場合には「在留資格の認定」を受ける必要があります。初めての受け入れを経験する場合など、手順がわからず苦労する人事や総務の担当の方のお話をよく耳にします。ASIA to JAPANでは、全国規模で入管への資格申請の手続代行を行うことができる専門の機関と提携し、そのような場合にもスムーズに対応いただけるよう体制を整えています。

■ASIA to JAPAN日本語授業実施校

［中国］	上海交通大学　浙江大学　北京科技大学
［インド］	インド工科大学 マドラス校　プネ大学
［シンガポール］	シンガポール国立大学　南洋理工大学
［台湾］	国立清華大学　国立成功大学
［タイ］	チュラロンコーン大学　コンケン大学　キングモンクット大学 ラッカバン校
［マレーシア］	マレーシア工科大学　マレーシア科学大学
［インドネシア］	インドネシア大学　バンドン工科大学
［ベトナム］	ハノイ工科大学
［フィリピン］	アテネオ大学

8か国1地域・18大学（2020年3月現在）

会社概要 / 連絡先
株式会社 ASIA to JAPAN
代表取締役社長：三瓶　雅人　　取締役副社長：赤羽根　大輔
https://asiatojapan.com/
本社所在地　　：
〒103-0006　東京都中央区日本橋富沢町 10－13 & WORK NIHONBASHI 7F
Tel/03-5579-2139　Email/info@asiatojapan.com
大阪オフィス　：
〒 541-0053　大阪府大阪市中央区本町 4-2-12 東芝大阪ビル 8F
Tel/06-6556-6402　Email/info@asiatojapan.com

外国人高度人材はこうして獲得する！
―「準備」「手続」「定着」の採用戦略

令和２年６月10日　第１刷発行

監　修　杉田　昌平

編　著　株式会社　ASIA to JAPAN

発　行　株式会社　ぎょうせい

〒136-8575　東京都江東区新木場１-18-11
電話　編集　03-6892-6508
営業　03-6892-6666
フリーコール　0120-953-431

〈検印省略〉

URL：https://gyosei.jp

印刷　ぎょうせいデジタル㈱

ISBN978-4-324-10721-8
(5108558-00-000)
〔略号：外国人高度人材〕